Guillén de Castro

Comedia de don Quijote

Barcelona **2024**
Linkgua-ediciones.com

Créditos

Título original: Comedia de Don Quijote.

© 2024, Red ediciones S.L.

e-mail: info@linkgua.com

Diseño de cubierta: Michel Mallard

ISBN tapa dura: 978-84-9897-307-5.
ISBN rústica: 978-84-9816-804-4.
ISBN ebook: 978-84-9897-144-6.

Sumario

Brevísima presentación

La vida

Guillén de Castro (Valencia, 1569-Madrid, 1631). España.
Fue capitán de caballería, gobernador de Scigliano en Nápoles y en Madrid secretario del marqués de Peñafiel. Muy cercano a Lope de Vega, formó parte de la Academia de los nocturnos, la única academia que publicó en actas los poemas discutidos durante sus reuniones semanales y que radicó en Valencia entre 1591 y 1593. Murió en la pobreza y un tanto olvidado.

Este texto pertenece al ciclo de comedias de Castro inspiradas en obras de Cervantes, entre las que cabe citar: Don Quijote de la Mancha, El curioso impertinente y La fuerza de la sangre.
El teatro de Guillén de Castro se caracteriza por su técnica sobria y una hábil versificación, el drama psicológico y la complejidad emotiva.

Personajes

El Duque
El Marqués, su hijo
Cardenio, caballero
Lisardo, su padre
Lucinda, dama
Teodoro, su padre
Dorotea, pastora
Fideno, su padre
Fulgencio
Don Quijote
Sancho Panza
El Cura
El Barbero
Una Dueña
Un Escudero
Un Villano
Algunos Monteros y Lacayos y otra gente
Doncella
Un Paje
Un Gentilhombre

Jornada primera

(Salen Cardenio y Lucinda. Ella vestida en hábito de cazadora, con sus botas y espuelas, y Cardenio como que la ayuda a levantar, habiendo caído de un caballo.)

Lucinda   ¡Jesús mío!

Cardenio   ¡Trance fuerte!
                   Tente a mí... ¡Cayó el caballo!

Lucinda   Y yo en tus brazos me hallo,
                   de las manos de la muerte.

Cardenio   ¿Qué es esto, señora mía?
                   Pareciérame, por Dios,
                   a ser los caballos dos,
                   que era Faetón que caía.
                     Verte con tal movimiento
                   descompuesta y mal segura,
                   hurtalle al Sol la hermosura
                   y la ligereza al viento,
                        conocerte por las señas
                   de tu traje soberano,
                   volando por este llano,
                   trepando por estas peñas,
                        y antes de hacerse pedazos,
                   rodando del monte al valle
                   el caballo, tú dejalle,
                   para ponerte en mis brazos,
                        parece sueño; o mejor,
                   pienso que es tal extrañeza
                   milagro de tal belleza
                   por premio de tanto amor.

Lucinda Antes ha sido, el hallarte
a librarme de la muerte,
para que el mucho deberte
disculpe al mucho adorarte.
     Supe que el Duque salía
a caza, y poco después,
de aquella aldea que ves,
por ser de mi padre, mía,
     como algunas veces suelo,
salí al campo sin mi gente,
que halla un amante ausente
en la soledad consuelo,
     y desde lejos oí,
según lo que alborotaban,
que seguían o mataban
algún oso o jabalí.
     Ycomo no suele haber
hombre cuerdo y a caballo,
no fue posible el estallo
a caballo una mujer,
     y más yo, pues que venía
para mejorar de suerte,
viniendo, Cardenio, a verte
como loca de alegría.
     Y así, picando el caballo
hacia el latir de los perros,
plumas le puse en los hierros,
y, cuando quise parallo,
     calentósele la boca,
mordió el freno, y por tenello
descompúseme el cabello,
llevóse el viento la toca:
     de una rienda le tiraba,

por ver si le pararía,
y él como un viento corría,
como un demonio saltaba;
 tomó por esta ladera,
y sin torcelle o paralle,
cayó desde el monte al valle,
donde yo también cayera,
 a no arrojarme a este lado
sobre tus brazos.

Cardenio   Y has sido
ángel del cielo caído,
mas no del cielo arrojado.

Lucinda   Y de todo causa fue...

Cardenio   ¿Qué, señora?

Lucinda   Un devaneo:
querer lograr un deseo.

Cardenio   ¿Y hasle logrado?

Lucinda   No sé.

(Mira Lucinda a una parte y a otra, como que se recata de algo.)

Cardenio   ¿Qué miras? ¿Qué sientes?

Lucinda   Siento...

Cardenio   ¿Quién aumenta tu arrebol?

Lucinda   (¿Podré fiarme del Sol?

11

¿Ha de murmurarme el viento?
¿Podré, con vergüenza y miedo,
hablarle, cielos divinos,
a la sombra destos pinos,
si es bastante la de un dedo?)

Cardenio   ¿Qué temes que todo abona
tu corazón? Habla y fía.

Lucinda   Escucha, por vida mía,
y si me turbo, perdona:
    Habrá seis años bien hechos,
llenos de tiernos despojos,
que nos declaran los ojos
lo que no cabe en los pechos,
    y ha cuatro que quiero hablarte
tan a solas y tan quedo
que de la vergüenza y miedo
excusase alguna parte.
    Desta suerte no podía,
si a mi ventana te hablaba,
y así, amando, me animaba,
y temiendo, me encogía,
    que baja muy descompuesta
la razón de una ventana,
y parece muy liviana
en no siendo muy honesta.
    En mis papeles pudiera
declararte mis cuidados:
mas no son para fiados
de una cosa tan ligera.
    Mas pues me da el cielo santo,
por dar alivio a mi pena,
ocasión, que por tan buena

pudiera costarme tanto,
   di Cardenio, si es verdad
que cuanto el hombre imagina
con algún fin lo encamina
la fuerza o la voluntad,
   si en cuantos tratan de amar,
es el fin el ser maridos,
u otros tratos no admitidos
de quien no los sabe usar.
   Como amante el más perfeto
que hay del uno al otro polo,
más constante, sabio y solo,
más solícito y secreto,
   viendo en mí correspondencia,
y no dándote los cielos
inconvenientes de celos
con intervalos de ausencia,
   y viendo en el alma mía,
ya en ventana, iglesia o coche,
tanto desvelo de noche,
tanto cuidado de día...
   ¿no has aspirado y tenido
otro fin, otro cuidado,
que de amar y ser amado,
de querer y ser querido?
   A lo que pregunto agora,
y me da eternos enojos,
¿con lágrimas en los ojos
me respondiste?

Cardenio   Señora,
   la duda de esa respuesta,
que agora al alma se atreve,
¡Cuántos suspiros me debe!,

	¡cuántas lágrimas me cuesta!, ¡qué de veces han luchado la honra con el amor!
Lucinda	Di la causa. (¿Hay tal rigor?)
Cardenio	Pon silencio a ese cuidado, señora Lucinda hermosa, deja muerta esa verdad.
Lucinda	¿No tengo yo calidad...?
Cardenio	Para ser de un rey esposa.
Lucinda	¿No es mi fama y mi opinión...?
Cardenio	Que no la iguala ninguna.
Lucinda	¿Pues los bienes de fortuna son tan pocos...?
Cardenio	Muchos son.
Lucinda	¿Pues...?
Cardenio	En mí...
Lucinda	¿Que eres casado?
Cardenio	No, señora.
Lucinda	¿Has prometido casamiento?

Cardenio	Ni eso ha sido.

Lucinda	¡Di lo que es!

Cardenio	Soy desdichado.

Soy honrado, ¡ay, cielo hermoso!

Lucinda	¿Eso es falta?

Cardenio	Sí, señora:

porque en los tiempos de agora
ningún honrado es dichoso.
Mas oye, señora: pues...

(Sale Dorotea, pastora, huyendo del Marqués, y él tras ella, tiniéndola, y escápase por otra puerta Dorotea.)

Dorotea	No me persigas.

Marqués	Espera.

¡Solo en esto eres ligera!
Dice el Duque de dentro, dando grandes voces:

Duque	¡Hijo!

Lucinda	¿Qué es esto?

Duque	¡Marqués!

¡Aquí, aquí! ¡Favor, favor!

Marqués	¡Mi padre!

Cardenio	El Duque es, sin duda.

Duque	¿Por qué la edad no me ayuda, aunque me ayude el valor?
Cardenio	¡Matóle un oso el caballo!

(Quiere entrar a favorecer al Duque y detiénelo Lucinda, y él se va.)

Lucinda	Tente, Cardenio.
Cardenio	No puedo.
Marqués	Muerto de amor y de miedo me siento, quiero dejallo... Que no le oí...
Duque	¡Cielo santo!
Marqués	...fingiré...
Cardenio	¡Espantosa fiera!
Marqués	...que poco importa que muera un padre que vive tanto.

(Vase el Marqués, y Lucinda está mirando cómo Cardenio favorece al Duque.)

Lucinda	¡Dios te guarde, y no permita tanto mal!... ¡Qué acometer!, ¡qué herir!... Y ¡qué vencer! Ya Cardenio a Jorge imita, ya debajo del pie tiene la bestia, que muerta espanta, ya el viejo Duque levanta, y el Duque le abraza y viene.

16

(Salen el Duque y Cardenio, herido en la una mano.)

> Escondida deste modo,
> esperaré.

(Escóndese Lucinda detrás de unas ramas o árboles.)

Duque
> ¡Mi Cardenio!,
> no sin causa de tu ingenio
> fío de mi casa el todo,
> no sin causa es tu valor
> en mi opinión el primero,
> y no sin causa te quiero
> con tan entrañable amor.
> Sin duda en mi pecho nace,
> con efetos de adivina,
> mi voluntad, pues me inclina
> a quien tanto bien me hace.

Cardenio
> Soy tu esclavo, soy tu hechura,
> y te sirvo con el alma.

Duque
> Pon en mi palma tu palma,
> que mil palmas me asegura.
> ¡Estás herido!

Cardenio
> No es nada.

Lucinda
> ¿No es sangre?... ¡Triste de mí!

Duque
> Muestra...

Cardenio
> Yo mismo me herí,

señor, al sacar la espada.

Duque   A ver...

Cardenio   Pequeña sangría
es, señor.

Duque   ¡Menos que fuera!
Toda mi sangre se altera,
como si ésta fuera mía.
          Desmáyame... Cúbrela.

Cardenio   Cubriréla.

Duque   ...que en mi pecho
un extraño efeto ha hecho.

Lucinda   Pues en el mío ¿qué hará?

Duque   Tan grande tributo pago
de dolor, viéndola aquí,
que pienso que te la di.

Cardenio   En el alma te la pago.

Duque   Y con la mía pagara
el habértela yo dado,
porque mi hacienda y mi estado,
quien tanto quiero, heredara.

Cardenio   Goza al Marqués mi señor,
que el cielo mil años guarde,
y te herede.

Duque	¡Hijo cobarde, sin piedad y sin valor! ¡Que pudo dejarme aquí su crueldad, su cobardía, viendo que muerto caía el caballo sobre mí, sin que fuesen de provecho, sin que moviesen mis voces a sus entrañas feroces y a su temeroso pecho!
Cardenio	En lo que piensas repara, señor: si el Marqués te oyera, con el alma te acudiera, con la espada te ayudara, que es piadosa su hidalguía, y su acero es más que fuerte.
Duque	¡Ay, Cardenio! De otra suerte le pinta mi fantasía: ¡tan incapaz, tan injusto, tan grosero, tan ingrato, tan ajeno de mi trato, tan contrario de mi gusto...!
Cardenio	Es de padre esa pasión: quieren los padres, discretos, a sus hijos tan perfetos, que piensan que no lo son. Algunas desenvolturas del Marqués, son mocedades.
Duque	Y mejor dirás si añades disparates y locuras.

Cardenio	En un mozo no es exceso no ser cuerdo el proceder, que antes falta viene a ser en poca edad mucho seso.
Lucinda	¡Ay, Cardenio!

Duque	Son noblezas
	de tu pecho esos consuelos.
	¡Ah, si yo pudiera, cielos,
	trocar dos naturalezas!
	   Y está seguro de mí:
	que con pecho airado y fiel
	a ti te trocara en él
	y a él le trocara en ti:
	   pues no sé qué lo ha causado,
	pero ninguno ha tenido
	hijo más aborrecido
	ni criado más amado.

(Salen dos Monteros del Duque.)

Montero 1°	Aquí está el Duque: atajad.
Duque	Aquí, aquí, ¡qué flema tienen!, ¡qué de san Telmos que vienen pasada la tempestad! Ninguno pudo seguirme...
Cardenio	Fue que el caballo volaba.
Duque	Y alguno tan cerca estaba, que pudo verme y oírme.

Ven, y en mi tienda podrás
curar tu herida.

Cardenio   Es, señor,
poca cosa.

Duque   ¿Y no es mejor
que, si es poco, no sea más?

Cardenio   (¡Ay, Lucinda!... ¿Si se ha ido...?
No puedo al Duque dejar...
¡Quién pudiera agora estar
en dos partes repartido!)

(Vanse el Duque y Cardenio, y queda sola Lucinda.)

Lucinda   ¡Quién pudiera detenelle!
¡Quién pudiera acompañalle!
¡Cuánto diera por hablalle
y cuánto me cuesta el velle!
     Mas la tienda o pabellón
ponen muy cerca de aquí:
donde la ocasión perdí
esperaré la ocasión,
     hasta salir desta duda
que me tiene en esta calma.

(Salen el Marqués y Dorotea.)

Marqués   Bien puede mudar el alma
quien también los pasos muda.

Lucinda   Parece que escucho gente:
quiero retirarme un poco.

Escóndese Lucinda.

Dorotea   ¿Qué pretendes?

Marqués   Vengo loco:
                 detente, mi bien, detente.
                     Ya te alcancé, prenda amada.
                 Templa un poco tus desdenes.

Dorotea   ¿Cómo podré, si me tienes
                 más corrida que alcanzada?
                     ¡Qué afrentas!

Marqués   Oye, señora.

Dorotea   ¿A quién es vasalla tuya?...

Marqués   Todo el cielo me destruya,
                 si mi alma no te adora.
                     Sosiégate.

Dorotea   Ya sosiego
                 el corazón. ¿Qué me quieres?

Marqués   Que mires, que consideres
                 en mi pecho tanto fuego,
                     y que vive mi afición
                 mal premiada ha tantos días.
                 ¿Pues las demás partes mías,
                 tan aborrecibles son
                     que la vida me destruyes,
                 que la muerte me dilatas,
                 cuando pesada me matas,
                 cuando ligera me huyes?

Ya que tu curso ligero
he merecido parar,
que me acabes de matar
con un desengaño quiero.

Dorotea   Una honrada cortesía
obliga a la más honesta.
Perdona si la respuesta
es grosera, por ser mía,
   que quien de los montes viene,
y en ellos le dieron ser,
grande enojo ha de tener
para mostrar que le tiene.
   Y si, por ver cuál te trata,
has culpado mi rigor,
no imagines que tu amor
desconozco, como ingrata;
   ni pienses, por mi recato,
que tu voluntad me enfada,
que tu talle no me agrada,
o que me ofende tu trato,
   que el huirte y el dejarte
diversos efetos son:
pues huyo de la ocasión
de verte, por no adorarte.
   Porque: no me dé consuelo
el cielo, cuando le quiera,
si de tus partes cualquiera
no me parece otro cielo,
   y si a estarte agradecida
no me obligaron también,
y si no te quiero bien,
que no le tenga en mi vida.
   Pero advierto la humildad

de mi estado y mi bajeza,
y considero tu alteza
tan cerca de Majestad.
    Hija soy de un labrador,
aunque es su riqueza extraña,
y tú de un Grande de España
eres el hijo mayor.
    Entre cabras y entre bueyes
nací yo; pues ¿no sería
manchar tú con sangre mía
la que te dieron los reyes?
    Pues de otra suerte, señor,
soy tan honrada mujer,
que en mi cuerpo viene a ser
sangre del alma mi honor,
    y por no perder la palma
de honrada, de honesta y cuerda,
antes que una nota pierda,
he de perder toda el alma.
    Refrenarte, pues, procura,
viendo que nacen, señor,
de sobras de tu valor
las faltas de mi ventura.
    Y piensa, por consolarte,
que a mí, del rabioso daño
deste libre desengaño,
me alcanza la mayor parte.

Marqués   ¿Qué virtud, qué sal les pones
a tus divinos despojos,
que enamoras con los ojos
y encantas con las razones?
    Y esta ocasión que me das
a estimarte más me anima:

24

que la mujer que se estima
hace que la estimen más.
    ¡Villana del alma mía,
no tiene el mundo tu igual!
¡Si la virtud natural
es la mayor hidalguía!
    ¡Cuando no fueras hermosa,
como tan honrada fueras,
del rey de España pudieras
ser querida y ser esposa!
    ¡Por el cielo soberano,
que pues tuya el alma fue,
que ha de ser tuya mi fe
de que lo será mi mano!
    Buscar quiero mi sosiego,
aunque el pecho se desangre,
pues la mancha de tu sangre
es de tierra, y no de fuego;
    y en mí, aunque quede corrida,
como no quede abrasada,
será siempre colorada
y nunca será ofendida;
    y no mezclaré la ajena
con la propia sin mi gusto:
que un casamiento a disgusto
gasta la sangre más buena.
    Dorotea, esos luceros
levanta y ponlos en mí;
tuyo he de ser, y de ti
nacerán mis herederos.
    Será su naturaleza
aumento de mi salud,
pues tú les darás virtud
y yo les daré nobleza.

Dorotea	¿Hablas de veras?
Marqués	¿Pues duda pones en tan grande amor?
Dorotea	Entre estos montes, señor, anda la verdad desnuda; y en la novedad de vella de un cortesano nacida, tan argentada y vestida, no me atrevo a conocella. Mas no es posible, aunque admira el ver que a tal te dispones, que tan fundadas razones puedan fundarse en mentira. Pero con todo me espanto...
Marqués	¿En qué dudas?
Dorotea	Tengo miedo.
Marqués	Dame crédito.
Dorotea	No puedo creer que merezca tanto.
Marqués	¡Por el divino Hacedor...!
Dorotea	No jures.
Marqués	¡Tiénesme loco!
Dorotea	Deja que lo piense un poco...

| | y piénsalo tú mejor. |
| | ¿No es tu padre?... ¡Muerta soy! |

Marqués	Visto me ha, habréle de hablar,
	mas palabra me has de dar,
	de no irte.

| Dorotea | Yo te la doy. |

| Marqués | Escóndete. |

| Dorotea | Y me destruyo |
| | de temor. |

| Marqués | ¡Que hubo de haber |
| | tal estorbo! |

(Escóndese Dorotea, y salen el Duque, con criados, y Lisardo, labrador viejo, padre de Cardenio.)

| Lisado | Vengo a ver, |
| | señor, mi hijo y el tuyo. |

Duque	Al tuyo le quiero yo
	con el extremo que al mío:
	¡tiene valor!, ¡tiene brío!

| Lisardo (Aparte.) | (De buen padre lo heredó.) |

| Duque | Allí va. |

| Lisardo | Yo a velle voy. |

(Salen Cardenio y Lucinda; ella se queda a la puerta, y el Duque se va paseando, mirando a su hijo el Marqués, después de habelle él besado la mano.)

Cardenio   (¿Si se fue mi Sol divino?)

Lucinda   (Salir le quiero al camino.)

Dorotea   (Temblando de miedo estoy.)

Lucinda   (Mas ¿qué veo? Aún es temprano.)

Lisardo   ¡Hijo mío!

Lucinda   (¿Cómo hijo?)

Cardenio   ¡Mi padre!

Lucinda   (Mi padre, dijo,
        y le ha besado la mano.
            ¿Si no sueño?, ¡yo estoy muerta!
        Su padre debe de ser...
        y éste el dudar y el temer
        de Cardenio... Cosa es cierta.)

Dorotea   (¡Qué sin gusto ha recebido
        a un hijo que le ha besado
        la mano!)

Marqués   (¡Mírame airado!
        Mi falta habrá conocido.)

Duque   Pues Marqués...

Marqués (Aparte.)   Señor... (En calma

	me tiene el ver sus enojos.)
Lucinda	(¡En quién he puesto los ojos! ¡Quién me tiene toda el alma!)
Cardenio	Que más no te detuvieras me holgara, padre querido.
Duque	¿Cómo en la caza os ha ido? ¿Habéis muerto muchas fieras? ¡Todas debieron de huir...!
Marqués	No las pude yo alcanzar.
Duque	Acierta poco a matar, quien teme mucho el morir.
Lisardo	Adiós.
Cardenio	Ve con él.
Lucinda	(¡Ay triste! ¿Qué he de hacer?)
Cardenio [Viendo a Lucinda.]	(¡Qué ocasión ésta! Si no oíste la respuesta de mi boca, ya la viste. Corrido estoy.)
Marqués	(Padre injusto.)
Duque	Hacen los que honrados son las cosas de obligación

primero que las de gusto.

Cardenio   [Por Lucinda.]
                (¿Qué es esto?)

Dorotea   (¡Qué miedo labra
en mi pecho! ¡Cuál está!
¡Cómo se pasea y da
diez pasos y una palabra!)

Marqués   Pues, señor, ¿qué causa he dado?

Cardenio   (¡Ah, señora! ¿Otro suspiro?
¡Qué diferente te miro!)

Duque   A mi mesa habéis faltado.
                ¿A vos el mirar no os toca
por mi salud en mi mesa,
siendo vos a quien más pesa
de que yo tenga tan poca?...

Marqués   Señor...

Duque   ¿Y justo no fuera
acudir con más cuidados
a cortarme los bocados,
para que yo los comiera?

Dorotea   (Estoy temblando de oíllo.)

Marqués   He tardado sin querer.

Duque   Mas dejástelo de hacer
porque no os corte el cuchillo.

30

Marqués	¡Cielo!
Cardenio	[A Lucinda.]

Si con tantas veras
sientes y lloras el daño
que te ofrece el desengaño,
a ser engaño ¿qué hicieras?
    Por eso, cuando a caballo
te parecí caballero,
y en tu servicio el primero
desalentaba el caballo,
    cuando lucieron mis galas
de tus vistosos colores,
y añadieron tus favores
al corazón otras alas,
    como lo que soy sabía
y a quien eres aspiraba,
en mi pretensión me helaba
y en tu fuego me encendía.
    Perdona, y si lo pasado
te ofende tanto, iré yo
a enterrarme donde aró
el padre que me ha engendrado.

Duque   Comed, Marqués, que ya es hora,
y al valor daréis caudal
si coméis de un animal
que mató Cardenio agora.

(Vanse el Duque y sus Criados. [Entra Lisardo.])

Lisardo   Mi hijo, dame la mano.

Marqués	¡Pluguiera a Dios que lo fuera, para que así no sintiera tratarme como villano!
Lisardo	¡Ay, hijo del alma mía!
Marqués	Perdona, Lisardo, y presto déjame solo este puesto.
Lisardo	¡Dios quede en tu compañía.

(Vase. Sale Dorotea de donde estaba escondida, y Lucinda también. Dorotea a una parte está hablando con el Marqués y a otra parte Lucinda está hablando con Cardenio.)

Dorotea	¡Gracias a Dios que se han ido!
Marqués	La palabra que me has dado...
Dorotea	Pues hasta agora he esperado, bien mi palabra he cumplido.
Cardenio	Háblame, o si estás tan fiera, mátame con este acero.

(Arrodíllase Cardenio, dándole la daga a Lucinda.)

Lucinda	A ser tan duro y tan fiero mi corazón, yo lo hiciera. Levanta, y goza una palma de mi amor favorecida, que yo te debo la vida y te pago con el alma. Si cuando te vi supiera

de tu humilde nacimiento,
culpara mi pensamiento,
si por libre te quisiera;
pero, pues quiso mi suerte
que tan engañada he sido,
ya del haberte querido
no es remedio el no quererte.
    Y así, aunque de mí se arguya
bien o mal, en paz o en guerra,
como hijo de la tierra
serás mío y seré tuya.
    No me culpes si he llorado
y dudado, que no fuera
honrada si no tuviera
este sentimiento honrado;
    porque yo quisiera aquí,
por no ofender mi nobleza,
trocar tu naturaleza,
pero no dejarte a ti.

Cardenio   Lo que te viere pisar,
con la boca he de barrer.

Lucinda   ¡Quién gozara este placer
sin sentir este pesar!

(Vanse Lucinda y Cardenio.)

Dorotea   Déjame ir.

Marqués   ¡Por Dios te pido
que no aumentes mi cuidado!

Dorotea   Basta lo que me has mandado,

basta lo que te he servido.
    Ya me obligaba tu amor
a seguir tu voluntad,
y aquella severidad
que vi al Duque, mi señor,
    aquel altivo recato,
aquel mohíno despecho,
la soberbia de aquel pecho,
la aspereza de aquel trato,
    aquel semblante feroz,
aquel descubrir de enojos,
aquel reñir con los ojos
primero que con la voz,
    aquel pasear, mirando
a los que le están sirviendo,
y estarle todos temiendo,
mirarle todos temblando,
    el ver a sus asperezas
asistir mil caballeros,
no tan solo sin sombreros,
mas pienso que sin cabezas,
    el ver que te recebía,
y no solo no abrazaba,
mas de suerte te miraba
que entendí que te comía,
    me mudan de parecer
y me matan de temor.
¡Si esto es ser grandes, señor,
muy pequeña quiero ser!
    Déjame entre mis pastores
tratar con trato grosero
del cabrito, del cordero
y de otras cosas menores,
    y hacer un tiro acertado,

si al monte voy a cazar,
que es gran gusto el acertar,
sin miedo de haber errado,
volverme a casa temprano
con la perdiz o el conejo,
y dar vida a un padre viejo
con lo que mata mi mano,
donde con amor profundo
me recibe entre sus brazos,
y estimo más sus abrazos
que ser señora del mundo.
Y este desvío que lloro
porque en ti le considero,
no es decir que no te quiero,
no es decir que no te adoro,
mas es mi naturaleza
tan villana, por ser mía,
que estimo mi villanía
y me espanta tu nobleza.
Y así, el alma que te adora,
quisiera, a estar en mi mano,
el hacerte a ti villano,
más que hacerme a mi señora.
Adiós.

Marqués   ¿Pues así te vas?

(Ásela de la mano.)

Dorotea   Suelta la mano, Marqués.

Marqués   Sin que palabra me des
                  de ser mía, no te irás.

Dorotea	Déjame.
Marqués	Dasme la muerte.
	Espera.
Dorotea	No he de esperarte:
	que si me paro a mirarte,
	no podré dejar de verte.
	Suelta.
Marqués	¡Terrible desdén!
	Quiero probar si te allano
	teniendo el trato villano,
	si ése te parece bien.
	A mi dolor, que es profundo,
	daré remedio o consuelo.
Dorotea	Pondré la voz en el cielo
	para que la escuche el mundo.

(Dice dentro don Quijote, gritando a grandes voces:)

Don Quijote	Date priesa a caminar,
	que es la voz, al parecer,
	de alguna flaca mujer,
	que en gran cuita debe estar.
	Corre, Sancho, ataja, ataja,
	verás qué es ser caballero.

(Sale don Quijote en Rocinante, y el vestido como le pintan en su libro.)

Apearéme, no quiero
acometer con ventaja.
Ten de rienda a Rocinante.

¿A tan fermosa doncella
facéis tuerto? ¡Arredraos della,
caballero mal andante!

Marqués   Si estás loco, estoy sin seso
yo también: vuélvete en paz.

Don Quijote   ¡Tú eres el sandio, incapaz
de la orden que profeso!

Dorotea   (Con tan bravo defensor,
riera, si no llorara.)

Marqués   (De su locura gustara,
a no estar loco de amor.)

Don Quijote   Caballero andante soy
tan bueno como Amadís,
el del Febo y Belianís.
Con bravo coraje estoy,
    y busco las aventuras,
y desfago los agravios,
y he de desfacer los labios
que sandeces y locuras
    han fablado.

Marqués   Si mis pajes
te han visto, guardarte puedes.

Don Quijote   Pues agora lo veredes,
que esto mismo dijo Agrajes.
    ¡Ea, follón, sacad la espada,
y a fuer de buen español,
partiré entre tanto el Sol

de la primer cuchillada!

Dorotea   Guárdate, señor, de un loco.

Marqués   ¡Que hasta los locos sean malos
                           para mí!... Matalde a palos.

(Vase Dorotea, y salen tres lacayos con tres garrotes, y dan tras de don Quijote.)

Don Quijote   ¡Malandrines, poco a poco!
                              Pues ¿cómo, sin ser armados
                           caballeros, me ofendéis?

Marqués   ¡Hermosos pies, no voléis,
                           que os alcanzan mis cuidados!

(Vase el Marqués, y los lacayos tras él, y queda don Quijote tendido.)

Don Quijote   La andante caballería
                           violasteis desta suerte,
                           mas fará mi brazo fuerte
                           castigo en tal villanía.
                              Muerto me has, gigante fiero,
                           con tu maza gigantea...
                           Mi señora Dulcinea,
                           a este vuestro caballero
                              en esta cuita ayudad,
                           pues sois en el mundo sola.
                           Dentro dice el Duque.

Duque   ¿Qué voces son éstas?... ¡Hola!

(Sale el Duque con tres criados.)

Criado 1°	El Marqués corre.
Duque	¡Volad!
Criado 2°	Y tres hombres van tras él.
Duque	Corramos todos tras ellos.
Criado 3°	¡Aquí, aquí! ¡A ellos, a ellos!
Don Quijote	¡Ah, don Carloto cruel!

(Vanse el Duque y sus criados, y sale Sancho Panza.)

Sancho	¡Qué vocinglero rumor! Aquí mi vida aventuro. ¿Adónde estaré seguro, don Quijote, mi señor? ¡Socorro, que estoy mortal! ¡Válgame tu valentía!
Don Quijote	¿Dónde estás, señora mía, que no te duele mi mal?
Sancho	¿Adónde te escucho hablar palabras despavoridas?
Don Quijote	¡De mis pequeñas heridas compasión solías tomar!...
Sancho	¡Oh, mal haya quien te hirió!
Don Quijote	Non lloredes, mi escodero.

Sancho	¡Mi don Quijote! ¡Yo muero!...
Don Quijote	No soy don Quijote yo, soy uno de los sobrinos del Marqués, que fue a buscar a las orillas del mar la caza: soy Baldovinos.
Sancho	¡Don Quijote me pareces, aunque estás tan mal parado!

Don Quijote	¡Cómo vives engañado!
	¿No te he dicho muchas veces
	  que en nuestra caballería
	andantesca hay muchas cosas
	que encantadas y espantosas
	se transforman cada día?
	  Tal vez verás una rana
	u otra cosa semejante,
	que hoy se convierte en gigante,
	y en galápago mañana.
	  Y así yo, por los malinos
	encantos de aquel garrote,
	si era, sano, don Quijote,
	soy, ferido, Baldovinos.
	  ¿No ves el monte intrincado
	de zarzas, matas y breñas?
	¿No ves robres, no ves peñas,
	y no me ves a mí echado?
	  ¿No ves mi herida mortal?
	¿No me oíste, que decía?:
	«¿Dónde estás, señora mía,
	que no te duele mi mal?»

40

Pues si como estaba estoy,
y como él me oyes quejar,
¿qué necio no ha de pensar
que Baldovinos no soy?

Sancho   Es así: habréme trocado
yo también.

Don Quijote   Sí, majadero.

Sancho   ¿Y quién soy?

Don Quijote   El escodero
deste infante mal logrado.

Sancho   Tu muerte quiero llorar,
Baldovinos, mi señor.

Don Quijote   Ve a buscar un confesor
que me quiera confesar.

(Salen el Cura y el Barbero, como que buscan a don Quijote.)

Sancho   Iré luego, aunque me pese...
¿No es el Barbero y el Cura?
Ya tienes, por gran ventura,
quien te cure y te confiese.

Cura   ¡Extraño suceso!

Barbero   ¡Extraño!
¿Y tu amo?

Sancho   Herido está,

	y Baldovinos es ya.
Don Quijote	¿Adónde está el ermitaño?
Cura	¡En esto parado han, Quijada, tus desatinos!...
Don Quijote	¡Oh, mi primo Montesinos! ¡Oh, infante don Merián!

(Salen el Duque y sus criados.)

Criado 1º	Mandólo el Marqués...
Duque	Tampoco era justo. ¿Dónde está?
Criado 2º	¡El Duque! Apartá, apartá: es un loco.
Duque	Pues si es loco ¿para qué le hicieron mal? ¿De dónde salió? ¿Quién es?
Don Quijote	¡De Mantua noble Marqués! ¡Oh mi buen tío carnal!
Duque	¡Válame Dios!
Barbero	Con razón, señor, os maravilláis de verle tal; si la causa queréis saber, escuchad.

Don Quijote	Hame muerto don Carloto a traición, por se casar con Sevilla, ¡ay, bella infanta!, que es mi mujer natural.
Cura	Para que te dejes oír, ¿no te quieres confesar, Baldovinos?
Duque	Sí, sobrino...
Don Quijote	Buen ermitaño, llegad.
Duque	Gana me da de reír, aunque es más justo llorar.
Don Quijote	Yo me acuso...
Cura	Proseguid: acusaos quedo.
Don Quijote	Ya va.
Barbero	Éste, aunque pobre, es hidalgo de conocido solar; y tomando su desdicha por medio a su soledad, obligóle a que leyese, del Sol a la Luna y más, en estos libros que llenos de disparates están, donde van como los vientos, cuando a algún socorro van los navíos por la tierra

y los montes por la mar,
donde un tajo o un revés
suele en los aires cortar,
no un cabello, diez gigantes,
que hacen de sangre un lagar.

Don Quijote   Que llorando una doncella
                    fui perezoso en llegar
                    a socorrella.

Cura   ¡Gran culpa!
                    Pues otra vez no lo hagáis.

Barbero   Desvanecióse de modo,
                    creyendo que eran verdad
                    tan negras caballerías,
                    que de juicio incapaz,
                    y tomando de su agüelo
                    aquel peto y espaldar,
                    y aplicándole celada,
                    que tan conforme le está,
                    a este villano, tan tosco
                    como simple, hizo ensillar
                    un rocín, cuyo pellejo
                    llenan sus huesos no más,
                    y armado, y puesto a caballo,
                    salió de nuestro lugar,
                    y el Cura y yo le seguimos
                    por lástima y amistad.

Don Quijote   Que temí un fiero gigante
                    y me quise retirar,
                    aunque después le maté.

Cura	Otra vez, no le temáis.
Barbero	Buscando las aventuras iba, sin considerar que los que las buscan menos las suelen más presto hallar. Como su nombre es Quijada, y es manchego natural, don Quijote de la Mancha se hace agora llamar, y Rocinante al caballo, y todo por imitar la andante caballería, que por los cascos le va.
Don Quijote	Que destos palos que siento, venganza quise tomar.
Cura	¿Perdonáislos?
Don Quijote	Sí perdono, aunque se me hace de mal.
Cura	Pues yo os doy en penitencia que a vuestra casa os volváis, no saliendo un punto della sin mi gusto.
Don Quijote	Bien está.
Cura	Seguille el humor a un loco le suele a veces curar.
Duque	¡Es suceso tan extraño,

que no se ha visto jamás!
¿Quién no quema tales libros?

Cura   Ya por mi mano lo están.

Duque   Bien habéis hecho vengando
                injurias de la verdad.

Don Quijote   Abrazadme agora, tío,
                y este abrazo le llevad
                a mi esposa. ¿No lo haréis?

Duque   Sí, sobrino. ¿Hay cosa igual?
                A mi tienda le llevemos,
                donde se podrá curar,
                si no el seso, las heridas.
                ¡Hola, en brazos le llevad!

Sancho   ¿Mi señor?...

Don Quijote   ¡Oh mi escodero,
                molido el cuerpo me han!
                ¡Oh reina doña Ermelinda,
                vuestro hijo cuál está!
                ¡Ay Sevilla, infanta bella,
                ya me llevan a enterrar!
                ¡Hasta el día del juicio
                ya no nos veremos más!

(Llévanse los criados en hombros a don Quijote, y éntranse el Duque, el Cura,
el Barbero y Sancho y todos los demás.)

Fin de la Jornada primera

Jornada segunda

(Salen el Marqués y un Criado, rasgando el Marqués un billete.)

Marqués	¡Qué afligir con enfadar! Ya, pues esto se me ofrece, no me tengo de espantar si una mujer que aborrece es constante en enfadar. Cuando me vi desdeñado no estuve tan afligido; que dan más pena y cuidado quejas de lo aborrecido que desdenes de lo amado. ¿Qué me quiere esta pastora?
Criado	Que la engañaste, decía.
Marqués	¿Quién no engaña si enamora?
Criado	Tiernos suspiros envía y amargas lágrimas llora. Por los montes y los llanos tendió la voz, y los ojos como soles soberanos, dijo sus negros enojos y torció sus blancas manos, y entre paciencia y despecho, cruzó en el pecho los brazos.
Marqués	Poco importa cuanto ha hecho, si otros ojos, a pedazos, me la sacaron del pecho.

(Sale Cardenio, y vase el Criado.)

¡Hola, Cardenio!

Cardenio   ¿Señor?

Marqués   Pienso que habré menester
                tu consejo y tu favor.

Cardenio   Luego puedes disponer
                de mi vida y de mi honor.

Marqués   Ya tú sabes el desdén
                con que trató Dorotea
                mi loco amor.

Cardenio   ¡Sélo bien!

Marqués   Que se abrasa quien desea,
                debes de saber también.
                    Pues yo, que abrasar me vi,
                palabra mezclada en fuego
                de ser su esposo le di,
                tomóla, gocéla, y luego
                la olvidé y la aborrecí.

Cardenio   Eso es muy propio de amor
                que se funda en apetito.

Marqués   Y hale ayudado el rigor
                con que muero y solicito
                otro esperado favor.
                    De dos damas los amores
                me ofrecen varios desvelos:

que con ternezas y duelos,
ésta me niega favores
y aquélla me pide celos.
    Y tú, para consolarme,
en lo uno has de valerme
y en lo otro aconsejarme.

Cardenio   En todo puedes mandarme...
(Aparte.)   (y en todo temo el perderme).

Marqués   De no cumplir en rigor
mi palabra, ¿qué redunda
siendo en mi mengua?...

Cardenio   Señor,
sobre su palabra funda,
el que es honrado, su honor.
    Siempre el cumplilla es razón,
porque su honor amancilla
y desdora su opinión,
siendo indicio el no cumplilla
de que el dalla fue traición.

Marqués   Y si en cumplilla halla
inconvenientes también
de su honor, ¿puede excusalla?

Cardenio   Eso, señor, fuera bien
que considerara al dalla.

Marqués   ¿Si no lo consideró?...

Cardenio   Ésta es ley muy severa...

Marqués	Pues ¿he de casarme yo con una villana?

Cardenio	No digo tal, ¡ni Dios lo quiera!

Marqués	Pues ¿qué haré? ¡Son espantosas mis desdichas!

Cardenio	No te asombres,

porque en dudas tan forzosas,
discursos tienen los hombres
y medios tienen las cosas.
    El padre desta serrana
tiene de hacienda un tesoro
y más de un tesoro gana,
convirtiendo en plata y oro
vino, aceite, queso y lana.
    Sus espaciosos sembrados
le dan trigo a manos llenas,
tiene llenos y poblados
los montes de sus colmenas,
los campos de sus ganados.
    Y ella, cuando el viejo muera,
de toda su hacienda es,
por ser única, heredera.
Que fuera corto interés,
si en belleza no lo fuera,
    mas, a su ser soberano
tanto interés añadido,
imagino que hará llano
el poder dalle marido
con tu gusto y de tu mano.
    Y esto con ella tratado,

si quiere libre dejar
la palabra que le has dado,
entonces podrás quedar
contento y desobligado.

Marqués   El consejo que me das
con extremo me agradó.
Cardenio, obligado me has,
y así, pues no tengo yo
ninguno a quien quiera más,
    para que puedas tener
con gusto hermosura y oro,
mi Cardenio, tú has de ser
el que gaste ese tesoro
y el que goce a esa mujer.

Cardenio (Aparte.)   ¿Cómo, señor? (¡De corrido,
como sin alma he quedado!)

Marqués (Aparte.)   (¡No responde, hase ofendido;
éste revienta de honrado!)

Cardenio   Callando te he respondido.

Marqués   ¿De qué te afliges?

Cardenio   De ver
que contigo no aproveche
el haberme dado el ser
la que a ti te dio la leche
que yo le dejé al nacer,
    ni el regalo, ni el amor
con que doce años honraste
la casa de un labrador,

donde engañado pensaste
ser yo tu hermano mayor,
ni haberte después servido
otros tantos de criado,
para haber de mí pensado
que el no ser tan bien nacido
me quita el ser tan honrado.
Si nací, nunca naciera,
bajamente, Dios lo ha hecho,
que si en mi mano me hiciera,
o naciera de mi pecho,
ninguno más bueno fuera;
pero, aunque vaya la vida,
tengo el alma tan honrada,
que es de mí tan estimada
esta nobleza adquirida,
como la tuya heredada.
Piensa, pues, que este valor
más con tu ejemplo se apura,
y que ni luz ni calor
me dan oro ni hermosura,
no siendo el Sol de mí honor.
Y perdona el sentimiento
que en tu presencia he mostrado.

Marqués   Tan honrado pensamiento,
¿cómo puede ser culpado?
Tú me perdona el intento
de ofrecerte cosas mías:
como vi que la alababas
y su hacienda encarecías,
creí que la codiciabas
y entendí que la querías.
Con otro la he de casar,

porque así más libre pueda
pretender y conquistar
a aquel ángel.

Cardenio (Aparte.)   (¡Aún me queda
otro trago por pasar!)

Marqués   Quiero, Cardenio, a una dama
bella, rica, principal,
de buen gusto y mejor fama.

Cardenio   ¿Será tu igual?

Marqués   No es mi igual
en el estado.

Cardenio   ¿Y se llama?
(¿Qué pregunto?)

Marqués   En la nobleza
me iguala.

Cardenio (Aparte.)   (¡Duros enojos!,
¡qué sospecha y qué certeza!)

(Sale Lucinda con algunos escuderos que la acompañen.)

Marqués   Pero ya, puesta a mis ojos,
me deslumbra su belleza.

Cardenio   (¡Qué miro! ¿Si estoy dormido?
¿Qué hielo es éste? ¿Qué encanto
en piedra me ha convertido?
Pero no sintiera tanto,

si algo desto hubiera sido.)

Marqués   ¿No es bella? ¿No es milagrosa?

Lucinda   (Muerta me tiene el cuidado.
               ¡Que soy poco dichosa!)

Cardenio   (¡Que haya hombre tan desdichado!)

Marqués   ¡Que haya mujer tan hermosa!

Lucinda   (¡Son Cardenio y el Marqués!
               Mejor mi gloria y mi pena
               les hubiera dicho, pues
               el uno mi muerte ordena
               y el otro mi vida es.
                   ¡Qué triste está! ¡Qué afligido!
               ¡Si adivina mi cuidado,
               o mi desdicha ha sabido!)

Marqués   ¡O mis ojos han cegado,
               o mis cielos han llovido!

(Saluda el Marqués a Lucinda y quiere acompañarla.)

Lucinda   No pienso pasar de aquí.

Marqués   No acompañarte sería
               disparate.

Lucinda   No nací
               para tan grande compañía:
               Cardenio me basta a mí.

Marqués (Aparte.)	(Sóbrame a mí esa razón, para saber que le quieres.)
Cardenio (Aparte.)	(¡Ay, gloria del corazón!)
Marqués	(Si en escoger las mujeres son lobas, ¡qué lobas son!)

(Hace Lucinda como que tropieza, y al tenerse a Cardenio dale un lienzo, y en él atado un billete.)

Lucinda	¡Jesús!
Marqués	¿Habéis tropezado?
Lucinda	No sé en qué.
Marqués	¿No está, por dicha, llano cuanto habéis pisado?
Lucinda	No es tan llano cuidado.
Cardenio	(Y es un monte mi desdicha.)
Marqués	No veo adónde poder tropezar en esta pieza.
Lucinda	En mí misma pudo ser.
Marqués	Quien en sí misma tropieza, en algo quiere caer.
Lucinda	Cuando yo caer quisiera, consiguiendo algunos fines,

no soy mujer que cayera
tropezando en mis chapines,
que es caída muy ligera,
   que aunque ellos ligeros son,
es tan pesado mi seso,
que tropiezo en la ocasión
de cosas de mucho peso,
y caigo en la que es razón.

Marqués   Pues que tan bien tropezáis,
sumad bien vuestro valor,
porque en la cuenta caigáis.

Lucinda   Pues que corre por mi honor,
sí haré.

Cardenio   (¡Mis males contáis!)

Lucinda   ¡Ah, señor!...

Marqués   No es bien mandar
que quede.

Lucinda   Ni porfiaros.

Marqués   Cardenio se ha de quedar.
Tocaráme el levantaros,
si volvéis a tropezar.

(Vanse y queda Cardenio solo.)

Cardenio   Yo, cielo, ¿en qué he tropezado?
¿No estaba sobre la Luna?
¿Dónde estoy? ¡Mas he quedado,

con un golpe de fortuna,
sin tropezar, derribado!
    Lucinda, ¿en qué han de parar
estas dudas y estas quejas?
Todo es temer y dudar;
pero, pues lienzo me dejas,
bien sabes que he de llorar.
Reconoce el pañuelo.
    ¿No es este ñudo? ¡Un papel
tiene atado! Ya no es tanta
mi pena, con ser cruel.
El que tengo en la garganta,
pienso desatar con él.

Lee el papel.

«Como sabes, el Marqués ha dado en perseguirme; y de haber hablado con mi padre, resulta el partirme con él a una de sus aldeas. Por avisarte desto tomé ocasión de venir a despedirme de mi señora la Duquesa, y probar si este papel será tan dichoso como yo desdichada; que no es poco, siendo tuya. -Lucinda.»

    ¿Es congoja, es maldición,
la que me aflije y me alcanza?
¿Qué tengo en el corazón?
Si es de muerte la esperanza,
los pesares ¿de qué son?
    ¿Que aún temo males mayores
que el desta afligible calma?
Si está, tras tantos rigores,
llena de penas el alma,
¿dónde cabrán los temores?
    ¡Revienten mi pecho luego,
los que resultaren della!

(Sale el Marqués.)

Marqués   Oye, Cardenio.

Cardenio   (¡Estoy ciego!)

Marqués   Ya viste la causa bella
                 deste amor y deste fuego.
                     Pues quiero agora emplearte,
                 y he venido a prevenirte.

Cardenio   Yo, señor, para obligarte,
                 con lealtad he de servirte
                 y sin engaños tratarte.
                     Esa causa, que es tan fuerte,
                 ese cielo, esa hermosura,
                 lo fue de mi buena suerte,
                 lo es de mi desventura,
                 y lo será de mi muerte.
                     Seis años ha que la adoro,
                 y cinco de amor le debo,
                 que ha que la guardo el decoro;
                 a su valor no me atrevo,
                 y mi nacimiento lloro.
                     Mas, despés de haberle dado
                 en una ocasión dichosa
                 mi bajeza algún cuidado,
                 con su palabra de esposa
                 quedé contento y pagado.
                     Mas, señor, si con saber
                 esta dicha y esta pena,
                 para tu propia mujer
                 te pareciere que es buena
                 quien mía lo quiso ser,

me iré, por darte el lugar
que a ser dichoso tuviera,
donde me mate el pesar,
en el monte alguna fiera,
o algún pescado en la mar.
O tú mismo saca fría
mi sangre, que ardiendo estaba.

(Híncase de rodillas.)

Marqués   ¡Levanta, por vida mía!
                     Algo desto imaginaba,
                     pero el todo no sabía.

Cardenio   En éste verás que es llano
                     esta desdicha que lloro,
                     Dale el papel de Lucinda.

Marqués (Aparte.)   (No ha de gozar un villano,
                     lo que con el alma adoro,
                     aunque le mate de mi mano.)
                     Lea el papel entre sí.

Cardenio   (La fuerza de mi verdad
                     algo en mi favor ordena.
                     ¡Guialde la voluntad,
                     cielo, y pues miráis mi pena,
                     por mi remedio mirad!)

Marqués   (¿Que éste pudo merecer
                     una mujer, que es tan bella?
                     ¿Cómo de tan bajo ser
                     nació con tan buena estrella?
                     ¿Quién le bendijo al nacer?

Estoy, sin más ocasión,
por hacer con este acero
maldito su corazón;
mas con un engaño quiero
hurtalle la bendición.)
Hasta aquí, todo aparte.
  Cuando entre los dos no hubiera
obligación de hermandad,
es cierto que ingrato fuera
si, por sola tu verdad,
lo que pienso hacer no hiciera.
  A Lucinda has de gozar,
y por si su padre airado
te lo quisiere estorbar,
te diré lo que he tratado
y lo que pienso tratar.

Cardenio	Deja que bese tus pies o lo que pisa tu planta.
Marqués	Levanta.
Cardenio	Que no me des la mano...
Marqués (Aparte.)	Ya te levanta... (¡por derribarte después!) Ven y escucha.
Cardenio	Tu nobleza de nuevo, señor, me ha hecho. (¡Tuerce tu naturaleza, vil fortuna! ¡De mi pecho aprende a tener firmeza!)

(Vanse. Sale Dorotea sola.)

Dorotea
      Sosiego, ¿en qué ha de parar
el perderos y el buscaros?
En mil partes pienso hallaros
y en ninguna os puedo hallar.
    ¡Ay, Marqués, fiero homicida!
¡Si dejaras de obligarme!...
Mas quisiste no dejarme,
para dejarme sin vida.
    ¡Tras tanto amor, tanto olvido!
¡Tras tanto bien, tanto mal!
¿Tú eres noble y principal?
¿Tú naciste bien nacido?
    ¡Verde yerba, fuente clara,
sedme alfombra, y sedme espejo!
Pero de vergüenza dejo
de ver mi afrenta en mi cara.
    Con todo me estoy mirando,
porque mis males sintiendo,
como me estoy afligiendo,
gusto de verme llorando.

(Salen don Quijote y Sancho Panza, y siéntese Dorotea a la orilla de la fuente.)

Don Quijote
    A un castillo hemos llegado.

Sancho
Casa, dirás.

Don Quijote
      ¡Bueno es eso!
¡Por la orden que profeso,
que me parece encantado!
    A su puerta principal,

que es aquélla, ¡gran blasón!,
las armas que tiene son
de la Corona Imperial.
   ¡De muy altivo se precia
su dueño!

Sancho   ¡Que son pellejos
de liebres y de conejos!...

Don Quijote   Son las Águilas de Grecia.
   Ésta es su puerta menor:
verde prado, fuente bella
la adornan, y una doncella...

Dorotea   ¡No me dejaras, traidor!...

Don Quijote   ...sobre las yerbas sentada
está y llora: penas siente,
en la margen de la fuente,
sobre el brazo recostada,
con la mayor fermosura
que vio el Sol.

Dorotea   ¡Cielo, yo muero!

Don Quijote   ¡Por la fe de Caballero
Andante, brava aventura!
   Cristales y aljófar llora
sobre nieve y arrebol.
¡Si esta mujer no es el Sol,
será del Sol precursora!

Sancho   Huye... ¡Ay, Dios!

Don Quijote	¡Qué desatinos!
Sancho	¡Que es, mi señor don Quijote, precursora del garrote que te trocó en Baldovinos!
Don Quijote	Pues, sandio, ¿déjasme el lado? ¿Dónde mejor, sin temer, fincarás?
Sancho	Más quiero ser gallina que apaleado.
Don Quijote	¡Calla, necio! Mira allí, si es que mirarlo deseas, venir en dos hacaneas unas andas. ¿Veslas?
Sancho	Sí.
Don Quijote	¿Ves que las guía un enano con un azote?... ¡Y qué feo!
Sancho	Andas, mozo y mula veo.
Don Quijote	¡Tienes vista de villano! ¿No ves un viejo a caballo con su escudero?...
Sancho	Sí, a fe.
Don Quijote	¿Y otro escudero de a pie que trae de rienda un caballo, y otros a mula?...

Sancho	Eso es cierto.
Don Quijote	¡Verás mi brazo pujante! Que algún Caballero Andante viene mal ferido, o muerto, y no ha de poder sufrillo mi coraje y mi valor.
Sancho	Ya se ha parado, señor...
Don Quijote	Ya la puerta del castillo.

(Dice de adentro Fideno, padre de Dorotea.)

Fideno	¡Dorotea! ¡Hija!
Dorotea	¡Ay, cielo! Mi padre me llama.
Fideno	¡Hola!
Dorotea	Quien me quita el estar sola, me quita todo el consuelo.

(Vase.)

Sancho	¡Pardiós, como una granada se abrió la litera!...
Don Quijote	En ella se aparece una doncella mal contenta.

| Sancho | Y bien sentada. |
| | Ya se apea el viejo. |

Don Quijote	Y ya
	caigo en lo que es. ¡Oh traidor!
	Es sin duda encantador,
	y al castillo la traerá
	encantada.

| Sancho | ¿Puede ser |
| | tan grande bellaquería? |

| Don Quijote | ¡Oh Andante Caballería, |
| | qué de cosas me haces ver! |

Sancho	Ya la llevan de la mano
	hacia el castillo, y sus males
	va llorando.

| Don Quijote | A los umbrales |
| | la recibe el castellano. |

| Sancho | Ya el viejo vuelve a salir |
| | en el caballo. |

Don Quijote	Es ya Grifo,
	o es de Astolfo el hipogrifo:
	¿No le ves, huyendo, ir
	con alas en las ijadas,
	por esos aires volando,
	y espeso humo arrojando
	por las narices cortadas?

| Sancho | Correr veo... |

Don Quijote	¡Eres un payo!
	Para volar diligente,
	lleva un cometa en la frente
	y por cola tiene un rayo.
Sancho	¿Y debajo de la cola
	qué le ves?...
Don Quijote	Nada. ¿Estás loco?
Sancho	Pues ni yo veo tampoco
	toda esa otra carambola.
Don Quijote	Tú lo verás algún día,
	que no les es permitido
	a los que no han recebido
	Orden de Caballería.
Sancho	¿Al fin el viejo voló
	en su Grifo?
Don Quijote	Y la doncella
	que viste entrar por aquélla,
	por esta puerta salió.

(Salen Lucinda, de camino, Dorotea, y Fideno, su padre, y criados.)

Fideno	Al fresco estarás mejor.
Don Quijote	¡Oh, qué gallarda aventura!
	¡Hoy has de ver mi locura!...
Sancho	Guarda el viejo encantador...

Lucinda	Adonde quiera estaré.
Dorotea	Que estás sin gusto imagino. Habla Lucinda aparte al oído a un Criado.
Lucinda	Espérale en el camino, y aquí le guía.
Criado	Sí haré.

(Vase.)

Fideno	De que se fuese me pesa tu padre de aquella suerte.
Lucinda (Aparte.)	(Por ir a darme la muerte, se partió con tanta priesa.) Mareóme la litera... (¡Pluguiera a Dios me matara!) ... y quiso que descansara en tu casa.
Fideno	Toda entera está a tu servicio.
Lucinda	Dios te guarde.
Dorotea	Señora mía, ¿qué tienes?
Lucinda	Yo lo diría, a estar solas las dos.

Don Quijote	Que me detengo sospecho.
Lucinda	¡Jesús, qué extraña figura!
Don Quijote	Si a la vuestra fermosura alguna fuerza le han fecho...
Lucinda [A Dorotea.]	¡Risa me pudo causar!
Dorotea [A Lucinda.]	Es ordinario el venir una ocasión de reír, cuando hay muchas de llorar.
Don Quijote	Suspended un poco el llanto, y decí a quien vos atiende si algún tuerto vos ofende, si vos liga algún encanto, que mis fuerzas vos dirán si soy Gradaso en lo fiero, en lo gallardo Rugero, y en lo encantado Roldán, y que no hay Gigante o Mago, ni los hechizos de Alcina, ni el Jardín de Falerina, ni Serpiente, ni Endriago, que no venza.
Sancho	Yo testigo: que soñando, cada paso vence a ese Magro, a ese Graso, y ese Ronglán.
Don Quijote	Yo no os digo

¿Quién en eso os ha metido,
escudero mal criado?

Lucinda   ¡Bravo escudero!

Dorotea   ¡Extremado!

Fideno   Un poco te has divertido.

Lucinda   Es mi pasión importuna.

Don Quijote   ¿No me queréis responder?

Lucinda   ¿Tenéis vos algún poder
                contra golpes de fortuna?

Sancho   Si no los da con garrote,
                sí tendrá.

Don Quijote   ¿Qué has dicho? ¡Calla!

Sancho   Que eso, y mucho más, se halla
                en mi señor don Quijote.
                    Es muy tieso, es muy robusto.

Don Quijote   A serviros me prefiero.

Lucinda   ¡Dios os guarde, caballero!

Fideno   ¡Rico humor!

Lucinda   Y poco gusto.

Dorotea   ¿Ya te cansa de escucharle?

Lucinda	¡Tales mis cuidados son!...
	Quiero con esta ocasión
	despedirle y no enojarle.
[A don Quijote.]	Lo que a mí me da cuidado
	es que viniendo de noche
	mis doncellas en un coche,
	en el camino han quedado,
	y acompañándolas vos...
Don Quijote	¿Manda la vuestra merced
	que vaya?...
Lucinda	Haréisme merced.
Don Quijote	¡Pues a la mano de Dios!
	Apercibilde a Rocinante.
Sancho	A un árbol le dejé atado.
Don Quijote	Enlaza el yelmo encantado.
Fideno	¡Bravo caballero andante!

(Pónele Sancho la celada a don Quijote, y vanse los dos.)

Lucinda	¡Ay, Dorotea!
Dorotea	¿Qué tienes,
	que son tus congojas tales?
Lucinda	Mucha posesión de males,
	poca esperanza de bienes.
	A casarme se obligó

70

mi padre, y quiere cruel
que elija al que quiere él
y olvide al que quiero yo.
 ¿No es mucho, pues, congojarme,
si espero, para perderme,
al uno que ha de valerme,
y al otro que ha de matarme?

(Salen el Marqués, de camino y el Criado que envió Lucinda por él.)

Criado   Donde mandó te he traído.

Marqués   ¡Qué miro! Lleguemos, pues.

Fideno   (¿En esta parte el Marqués?)
          Seáis, señor, muy bien venido.

Dorotea   (¡Que venga en esta ocasión!...
          ¡Oh, traidor, en qué me pones!)

Lucinda   (Guíe el cielo mis razones,
          pues ve que tengo razón.)
           Hablar con vueseñoría
          deseo.

Marqués   Vengo a serviros.

Dorotea   (¡Ay, Fortuna, de tus tiros
          es terrero el alma mía!
           Con la muerte es bien que luche.)

Lucinda   En parte quiero que sea
          que quien quisiere lo vea
          y que ninguno lo escuche.

(Apártanse a un lado el Marqués y Lucinda.)

Dorotea   (Éste el valedor ha sido,
éste el amante y amado;
otro será el despreciado
y éste será el escogido.
 Y yo soy la desdichada,
la burlada, la infelice,
que le ruega, que le dice,
ya afligida, y ya turbada:
 ¡Ah, traidor!)

Lucinda   Señor, repara,
tras ver que no te merezco,
en saber que te aborrezco,
y te lo digo en la cara.

Marqués   Por otro me has despreciado,
tan bajamente nacido,
que por dicha ha merecido
el ser de mí tan honrado.

Lucinda   Siendo príncipe, ¿eres hombre
de tan bajo proceder,
que a tan humilde mujer,
de tuya le des el nombre?
 Mira el lloroso semblante
desta mujer desdichada,
que hace agora por honrada
lo que debe por amante.

Marqués   Sosiéguense tus enojos:
basta y sobra lo que has hecho;

tiempla el abrasado pecho
y enjuga los tiernos ojos.
    Ya Cardenio me ha contado
vuestro amor; y este camino
vengo por ser su padrino,
y no a ser tu desposado.
    Con Cardenio has de casar,
quiera tu padre o no quiera.

Lucinda   Besarte los pies quisiera.

Marqués   (Así la quiero engañar.)

Dorotea   (Pues que rogaba quejosa
y agradece satisfecha,
cierta salió mi sospecha,
y mi desdicha forzosa.)

Lucinda   Pues tanta merced me hacéis,
ya revive mi esperanza;
y con esa confianza
me aseguro.

Marqués   Bien podéis.

Lucinda   Pues yo me voy porque es tarde,
donde mi padre me espera.

Criado   Ya está en orden la litera.

Marqués   ¡Dios os guíe!

Lucinda   ¡Dios os guarde!

Dorotea	(¡Que esto mi desdicha ordena!)
Marqués	(¡Agora me abraso más!)
Dorotea	¡Ya parece que te vas con más gusto!
Lucinda	Y menos pena.

(Vanse Lucinda y el Criado.)

Dorotea	(Y a mí un infierno me dejas con tal desengaño, ¡ah, cielos!)
Marqués	(Mal podré con estos celos satisfacer estas quejas.)
Dorotea	(¡Muerta estoy!)
Marqués	(¡Estoy temblando desta mujer, vive Dios!)
Dorotea	Solos quedamos los dos, tú riendo y yo llorando, que pues fue tuyo el burlar y ha de ser mío el morir, a ti te toca reír y a mí me toca el llorar.
Marqués	(Huir quiero esta ocasión.)
Dorotea	¿Vaste, traidor?
Marqués	(No hay poder

resistir a una mujer,
y más si tiene razón.)

Dorotea   Espera.

Marqués   Hablarte prometo,
mas no agora.

Dorotea   ¡Tente, ingrato!

Marqués   Mira el lugar...

Dorotea   No hay recato.

Marqués   Y tu padre...

Dorotea   No hay respeto.
          ¡Ah, traidor!

Marqués   ¿A tal te atreves?

Dorotea   ¿No hay piedad?

Marqués   ¿Qué solicitas?
          ¿No hay seso?

Dorotea   Tú me le quitas.

Marqués   ¿No hay honor?

Dorotea   Tú me le debes.

Marqués   Suelta, acaba. ¡Qué porfía!

Dorotea	¿De mí huyes? Oye, advierte...
Marqués	Hase trocado la suerte, que es tan mala por ser mía.

[Vase.]

Dorotea	¡Ah, villano!, ¡yo estoy loca!
	¡Ah, traidor, de ti reniego!
	¡Abrásete el mismo fuego
	que yo arrojo por la boca!
	   ¡Niéguete el cielo la dicha
	que esperan tus pretensiones!
	¡Tropieza en mis maldiciones
	y caerás en mi desdicha!
	   ¡Mas, cruel, no has de burlarte,
	seguiréte a tu despecho,
	pues de Lucinda en el pecho
	será cierto el alcanzarte!

(A la que se va a entrar Dorotea, salen un Escudero, una Dueña y una Doncella, criadas de Lucinda, y don Quijote, que detiene a Dorotea.)

Don Quijote	¿Dónde vas? ¡Que una mujer traiga el seso tan a oscuras!...
Dorotea	Tú conoces mis locuras, ¡qué grandes deben de ser!
Don Quijote	Di tus cuitas cuáles son y déjame el cargo a mí.
Dorotea	Si el que fue huyendo de aquí, que es un falso, es un ladrón,

no solo con fuerza y arte
pudo robarme, el traidor,
la prenda de más valor,
mas la empeña en otra parte,
    mientras sus pasos escucho.
¿Para qué me detenéis?
¡Ay, mujeres, no fiéis
de hombres que prometen mucho!

(Vase Dorotea, y don Quijote quiere ir tras ella, y la Dueña le detiene.)

Don Quijote   ¡Muera el ladrón!

Dueña   ¿Dónde vais,
señor Caballero Andante?
Para ser acompañante,
sabéis poco y mal andáis.
    ¿En las leyes no está escrito,
de vuestra hidalga Andadura,
que emprender una Aventura,
andando en otra, es delito?

Don Quijote   Decís bien, fermosa Dueña,
perdonad, que anduve errado.

Dueña   ¿Hermosa me habéis llamado?
No es satisfacción pequeña.

Don Quijote   Aquí descansad, señoras,
mientras las cebras del coche
comen.

Escudero   Que de aquí a la noche
hay de día muchas horas.

Doncella	Mal descansaré, si peno de ofendida y de celosa. ¿En mi presencia fermosa otra mujer? ¡Bueno... bueno!...
Escudero	La Doncella, no es razón, por la Dueña habéis dejado.
Don Quijote	Es su amor más regalado, aunque no tan juguetón. Yo sé bien que Corisanda regaló a don Florestán.
Dueña	También te regalarán.
Escudero	Y entre sábanas de Holanda.
Doncella	Al fin, ¿que ya no me quieres?
Don Quijote	¿No tendrá fuerzas bastantes, el que vence a diez gigantes, para querer dos mujeres? Y más en esta ocasión...
Escudero	Tanta fuerza es menester, que es más fácil de vencer de gigantes un millón. Ánimo el más valeroso tienes, si a tal te dispones.
Don Quijote	Para estas ocasiones soy Leandro el Animoso.

Doncella	Pues seréislo para mí: ¿no sois Leandro?
Don Quijote	El de Abido.
Doncella	¡Qué mal me habéis conocido: Ero soy!
Don Quijote	¿Sois Ero?
Doncella	Sí.
Escudero	Ella es Ero, no hay dudar.
Doncella	Con mi Torre o Baluarte, del estrecho a la otra parte.
Dueña	¿Y sabréisle vos pasar?
Don Quijote	Ánimo tengo y valor: ¡Cuando ancho y más ancho fuera!...
Dueña	A ser eso, cierto fuera que le pasarais mejor.
Don Quijote	Nadando, sé navegar como un barco el viento en popa.
Escudero	El saber guardar la ropa es lo mejor del nadar. Perderéis, si os anegáis, el pellejo.
Don Quijote	Iré a tu luz

como bala de arcabuz.

Dueña
Si como plomo nadáis
  grandes peligros corréis,
si algún delfín no os socorre.

Don Quijote
Yo llegaré a vuestra torre,
si en ella una luz ponéis.

Doncella
  Lo de la luz no os dé pena,
que no es mi suerte tan vil,
que me niegue algún candil
que colgar de alguna almena.

Don Quijote
  Ensayemos qué diréis,
cuando llegue a vuestros brazos
mojado y hecho pedazos.

Doncella
Diréos, cuando lleguéis,
  menos caliente que fría
en tus mojados despojos:
«¡Ay, Leandro de mis ojos!»

Don Quijote
«¡Ay, Ero del alma mía!»
  ¿Y qué más me diréis vos?

Doncella
Aún no lo tengo pensado.

Don Quijote
¡Cuál llegaré de mojado!

Escudero
(¡Lindo loco, vive Dios!)

Don Quijote
  Ya deseo, Ero hermosa,
por enseñarme a nadar,

	comenzarme a desnudar.

Dueña   ¡No nos faltaba otra cosa!

Doncella   No, mi Leandro: no es justo
emplear vuestro valor
sino en mí sola.

Don Quijote   ¡El mi amor,
seguir quiero vuestro gusto!

Escudero   ¿Cómo se le pone aquí?
¿Es Leandro o Lanzarote?

(Sale Sancho Panza.)

Sancho   ¡Ah, mi señor don Quijote!

Don Quijote   ¡Sancho!

Sancho   ¡Reniego de mí!

Don Quijote   Veréisme hacer maravillas:
¿es culebro o es gigante
lo que has visto?

Sancho   A Rocinante
le han bruñido las costillas
con el asta de un lanzón,
en un campo. ¡Así en mal hora!...

Don Quijote   Dame licencia, señora.

Doncella   Para eso sí es razón.

Don Quijote	¡Espera, atroz criatura, malandrín! ¡Villano, atiende!
Escudero	¡Luego lo empeña o lo vende!
Dueña	¡Extremada es su locura!
Escudero	Metámonos en el coche, y así dejarle podremos, que es muy tarde; no lleguemos a vuestra casa de noche.
Dueña	Vamos. ¡El loco es gracioso!
Escudero	Es mil veces extremado.
Doncella	Sin ánimo me ha dejado mi Leandro el Animoso.

(Sale Lucinda a la ventana.)

Lucinda	¡Favor, cielo, en tanto daño; porque ya en mí no se esfuerza mi engaño para esta fuerza, mi fuerza para este engaño! Ya el falso trato he sabido de mi padre y del Marqués, y que el uno cruel es, y el otro traidor ha sido. Ya están todos los criados, aunque de verme afligidos, astutos, de prevenidos, cobardes, de amenazados.

Por esta ventana quiero,
que abierta quiso dejarme,
o hablarle o arrojarme,
si del todo desespero.
    No hay un alma, que esto ordena
de mi desdicha el poder;
pero aquí ¿cuál ha de haber,
sino alguna que anda en pena?

(Sale Dorotea en hábito de labrador.)

Dorotea   De esta suerte he de acabar
                    la vida a la pesadumbre:
                    el hábito he de mudar,
                    porque el amor me da lumbre
                    y me anima a me vengar.
                        En esta casa imagino
                    que entró el Marqués, mi homicida,
                    y pues yo me determino,
                    a quien me quita la vida
                    ser su vida determino.

Lucinda   Zagal, amigo, ¿a dó vais?

Dorotea   (¿Vos, «amigo» me llamáis?
                    ¡Mas yo soy la desdichada:
                    que enemiga no culpada
                    sois vos mía!) ¿Qué mandáis?

Lucinda   Llégate presto, a mi pena
                    da remedio, escucha, oye:
                    di ¿conoces a Cardenio?

Dorotea   ¿No es del Duque gentil hombre?

Lucinda	¡Pluguiera a Dios no lo fuera para mis ojos, entonces! Así logres tus deseos, así mil años te goces; no quiero decirte más, porque el tiempo no se acorte. Ponte al cuello esta cadena, mas es pesada, y si corres para valerme, tus pies dejarán de ser veloces. Mas daréte este diamante, que en cualesquiera ocasiones, queriendo emplearle, más te aproveche y no te estorbe.
Dorotea	Yo reparo...
Lucinda	No repares, ni repliques, porque corren gran riesgo mis esperanzas, si tú las dilatas. Oye: toma, toma este papel medio escrito, abierto, y ponle en las manos de Cardenio, y dirásle que esta noche me casan con el Marqués, si luego no me socorren sus brazos. Pondréme en ellos.
Dorotea	Presto, presto.
Lucinda	Corre, corre. Dile más... ¡Estoy turbada!

            Que el Marqués...

Dorotea   No te congojes,
            que ya me acortan la vida
            lo largo de tus razones.

Lucinda   Que mi padre y el Marqués,
            con pensamientos traidores,
            me trujeron engañada
            y el Marqués, con trato doble,
            no al lugar que me decían,
            sino a esta casa, a esta torre,
            que está en medio destos llanos
            y a la vista destos montes,
            y adonde, si presto llega,
            tengo una puerta, por donde
            fiarme de su valor.

Dorotea   Presto, presto.

Lucinda   Corre, corre.
            Lo mejor se me olvidaba...
            ¡loca estoy!

Dorotea   No te congojes:
            acaba, que han de matarnos
            a los dos tus dilaciones.

Lucinda   Dile que pondré una luz
            en lo alto desta torre,
            porque, si de noche llega,
            pueda servirle de norte.
            Que si la viere encendida,
            que mis esperanzas logre,

mas que si muerta la ve,
que yo lo estoy, que perdone:
habráme muerto este acero.
Que me estime y no me llore,
y en peligro no se ponga.

Dorotea   Presto, presto.

Lucinda   Corre, corre.
No te vayas. Dile más:
¡muerta soy!

Dorotea   No te congojes:
abrevia con tanta flema,
que me matas; no me ahogues.

Lucinda   Que no repare en privanzas
y que pague dilaciones:
no piense en las que a un honrado
cuando se casa le corren.
Pues cuando falte piedad
en los pechos de los hombres,
para darnos una cueva
entrañas tienen los montes,
que allí estaré más contenta,
cuando mis ojos le gocen,
que si me hiciera señora

Dorotea   Presto, presto.

Lucinda   Corre, corre.
Escucha: estoy temerosa,
amigo.

Dorotea	No me congojes. (¡Reniego de ti! Quien soy estoy por decirle a voces.)
Lucinda	Como te hablé tan turbada, ¿hasme entendido? Responde, porque temo no te olvides de alguna cosa que importe, y pierdas por un descuido, lo que granjeaste entonces.
Dorotea	No temas que tus palabras de mi memoria las borre. Alas me has puesto en los pies y en el corazón azogue, y hará, pues mi pecho es fuego, que como rayo me arroje.
Lucinda	Mira, pues...
Dorotea	¡No puedo más!
Lucinda	Corre.
Dorotea	Vuelo.
Lucinda	Corre, corre.

(Vanse, y salen don Quijote y Sancho Panza.)

Sancho	Falta te hace Rocinante.
Don Quijote	Mal trecho fincó. A saber, hubiérale fecho ver

que nació en Luna menguante
al malandrín que lo hirió.
Mas no le pude alcanzar.

Sancho   Pues que se pudo escapar,
en buena Luna nació.
¡Es mundo, al fin! ¡Quién creyera
que siendo, que no hay dudallo,
tan pacífico un caballo,
tal desgracia le viniera!

Don Quijote   ¡Pues veslo! Es rayo en la lid,
vale lo que pesa en oro,
en brillar es brillo de oro,
y el gran Babieca del Cid.

Sancho   Gran bondad debe tener,
y ejemplo a los otros da,
¡sin hablar palabra, está
cuatro días sin comer!...

Don Quijote   Pues ¿ha de hablar un caballo,
majadero?

Sancho   Y en romance.
¡Bien estás!... En el romance
de «Elo, elo, mas matallo
donde está», Babieca hablaba.

Don Quijote   Dices bien, ¡Dios es mi padre!
¡Reventar tenía la madre,
que a su hijo no esperaba!
Y pues tan bien lo barruntas,
buen Panza, de aquí adelante

bien podrás a Rocinante
facerle algunas preguntas.

Sancho   Quizás fabla: yo he entendido,
que es un rocín muy callado.

Don Quijote   ¡Qué oscura noche ha llegado,
y Ero la luz no ha encendido!
    ¿Si se ha dormido?...

Sancho   ¡Pardiez,
no te entiendo, don Quijote!

Don Quijote   Leandro soy.

Sancho   ¡Si en garrote
te transformas otra vez!...

Don Quijote   Calla ¡Ay, Ero! ¡Ay, precursora!

Sancho   ¡Plegue a Dios que estos gigantes
lo que te dieron por antes
no te den por postre agora!

Don Quijote   Eres tonto: hanme de dar
mucho bien.

Sancho   ¿Dónde has venido?

Don Quijote   Ésta es la costa de Abido,
¿no ves cómo brama el mar?
    Oye... escucha... ¡Pobres barcos,
qué borrasca van pasando!

Sancho	Solo escucho estar cantando a las ranas destos charcos.
Don Quijote	Los de baja condición no alcanzan cosas grandiosas, que siempre juzgan las cosas al compás de lo que son.
Sancho	¿Cómo es esto? ¿En qué manera? ¿No pisas el campo llano? ¿No viste un monte a esta mano antes que de noche fuera? ¿Pues hay quien aquesto borre? ¿Dónde hay costa? ¿Dónde hay mar?
Don Quijote	¿Quiéreste desengañar? Mira la luz en la torre. ¿Qué te dices? ¿Satisfecho estás con esto?
Sancho	Estoy loco. ¿Desnúdaste? Espera un poco...
Don Quijote	Quiero pasar el estrecho. Como un pece he de nadar por llegar a mi alegría. ¡Oh, torre de Ero! ¡Oh, luz mía!... Ayúdame a desnudar.
Sancho	¿Dónde está el agua?
Don Quijote	Tú estás sin sentido, si eso dices.

Sancho	Y tú te harás las narices si en seco nadando vas.
Don Quijote	Y tú ¿no sabes nadar?
Sancho	A haber agua, sí sabría.
Don Quijote	¡Oh, torre de Ero! ¡Oh, luz mía! Ayúdame a desnudar.
Sancho	¿Qué hacer quieres?
Don Quijote	Quiero irme a ver a mi Ero nadando.

(Vase desnudando don Quijote.)

Sancho	¡Oh, reniego! ¿Estás soñando? ¿Que no es esto tierra firme?
Don Quijote	Déjame.
Sancho	¡Que tan mal me mandes! ¡Que te matas!... Bueno está.

(Va nadando por el tablado, como si estuviera dentro del agua.)

Don Quijote	Para ti tierra será lo que para mí olas grandes. ¿No nado como una pluma?
Sancho	¡Que te vas a despeñar!
Don Quijote	¿No soplo?

Sancho	Debes soplar
	el viento, mas no la espuma.
	¡Guarda, que te harás pedazos!
Don Quijote	Mas yo debo de estar ciego.
	¡Hermosa Ero, ya llego,
	pero dame aquesos brazos!

(Nadando, se entra don Quijote, y salen Cardenio y Dorotea.)

Sancho	¿No es gente? Esconderme quiero.
	Escóndese Sancho.
Dorotea	El caballo has reventado.
Sancho	(¡El demonio me ha enseñado
	ser andante caballero!)
Dorotea	Ya debemos de llegar.
Cardenio	Di que ha llegado mi muerte:
	murió la luz.
Dorotea	Y es mi suerte
	quien la debió de matar.
	Quizá que por atizalla
	la debieron de esconder.
Cardenio	Amigo, ¿no puede ser,
	si pudo el viento matalla?
	¿Corre viento? ¡Sin sentido
	estoy! ¡Rigor temerario!

Dorotea	Fuera el viento más contrario que nunca hubiera corrido.
Cardenio	¡Por un minuto no más dejaré de ser dichoso! ¡Ah, cielo, a todos piadoso! ¿Cómo agora no lo estás?
Dorotea	(¡Desdichada soy!) Espera...
Cardenio	¿Ves la luz?
Dorotea	Nada se ve: algún relámpago fue.
Cardenio	¡Ojalá, que rayo fuera que diera en mi corazón y que acabara mis días, pues todas las glorias mías como relámpagos son!
Dorotea	¿No son éstas las paredes de la torre, y no he sentido una seña?
Cardenio	Cierto ha sido: lleguemos.
Dorotea	Llegarte puedes.

(Sale una Dueña de Lucinda.)

Dueña	¿Es Cardenio?

Cardenio	El desdichado.
Dueña	¿Cómo tan tarde has venido? Un nombre bien merecido por tu tardanza te has dado.
Cardenio	No pude más.
Dueña	Aquí estuvo esperando mi señora, hasta que su padre, agora, tan cruel y airado anduvo, que casi por los cabellos la subió a que se casara con el Marqués.
Dorotea	¡Suerte avara!
Cardenio	¡Muerto soy! ¡Ay, ojos bellos!
Dueña	Entra, que esta orden me dio.
Cardenio	¿Qué será, cielos amigos?
Dueña	Y porque haya más testigos, entrará quien te llamó. Presto.
Dorotea	(¡Ay, hombres!)
Cardenio	(¡Ay, mujeres!)
Dueña	Entra, amigo, confiado.

Dorotea	Tu Marte tienes al lado, para cuanto hacer quisieres.

(Vanse. Salen el Marqués y Teodoro, padre de Lucinda, y criados.)

Teodoro	Perdona sus niñerías, que es rapaza, hasta que venza con el amor la vergüenza, que será en bien pocos días. Dile que salga a Lucinda, que ya el Marqués ha venido.

(Salen Lucinda, la Dueña y la Doncella.)

Mas ya viene.

Marqués	Ya ha salido, como muchos cielos linda, pero siempre desgustada. ¿Hay tal rigor de mujer?

Lucinda	(¿Casamiento puede haber donde hay voluntad forzada? De hoy más, pues lo quiere así quien de ofenderme se precia, no habrá Porcia, ni Lucrecia, donde me nombren a mí.)

(Sale Cardenio a la una puerta y Dorotea a la otra.)

Cardenio	(¡Ay, soberana belleza!)

Dorotea	(¡Ay, infelice mujer! ¡Aquí mi muerte he de ver!)

Cardenio	(¿Esto es honra? ¿Esto es firmeza? ¿Desto vine a ser testigo?)
Dorotea	(¿En qué me has puesto, traidor?)
Teodoro [A Lucinda.]	Dale la mano.
Lucinda	Señor...
Cardenio	(¿Duda?)
Dorotea	(¡Teme!)
Cardenio	(¡Ay, cielo amigo! Si la obligan mis amores, he de oír un no.)
Dorotea	(¡Ay de mí, si por no negar un sí, ha buscado valedores!...)
Teodoro [A Lucinda.]	¿En qué dudas?
Lucinda	Marqués, yo...
Marqués	(Esta mujer es diamante.)
Cardenio	(¡Acaba de ser constante!...
Dorotea	(¡Acaba de decir no!...)
Teodoro	Que he de matarte recelo. ¡Dale la mano!

Lucinda	¡Ay, desdichada! Sí la doy, pero forzada: ¡pongo por testigo al cielo!

Cardenio	(¡Ay, Lucinda que me has muerto!)

[Vase.]

Dorotea	(¡Ay, Marqués, que me has perdido!)

Lucinda	¡Jesús!

(Desmáyase Lucinda.)

Marqués	¿De dónde han salido dos voces con desconcierto?

Teodoro	¡Llegad! ¡Cielo soberano! En el pecho... ¿hay cosa igual? tiene un papel... y un puñal en la manga y en la mano.

Marqués	¿Qué es eso?

Lucinda	¡Cobarde anduve, que una herida no me di agora!... Mas ya perdí la ocasión que entonces tuve.

Teodoro	¡En qué me pone esta exenta! Ya no hay mal que no me rinda.

Marqués	¡Esta villana Lucinda!...

Ya no hay desdén, sino afrenta.
¡He de quitarle mil vidas!

Teodoro   ¿Qué te obliga? Aún es temprano...

Lucinda   ¡Mátame, que de tu mano
no he de llevar sino heridas!

Marqués   ¡Todo el cielo te destruya!

Lucinda   De mártir llevaré la palma.

Marqués   Mas quiero matarte el alma,
que no es eterna la tuya;
   y un villano he de matar
yo, de ofendido, feroz:
¡por donde salió su voz,
mi espada tiene de entrar!

Teodoro   Respeta un poco mis canas,
¡mira mis desdichas ciertas!

Marqués   ¡Haced pedazos las puertas,
y arrojad por las ventanas
   cuanto hubiere en esta casa!

Teodoro   ¡Mira, señor, que estás ciego!

Marqués   ¡Abrasaréla en el fuego
con que el pecho se me abrasa!

Teodoro   Pues ¿no te acuerdas que es mía,
para tratarla mejor?

Marqués	Tienes en ella un traidor.
Teodoro	Mi linaje no los cría.
Marqués	Mis criados, ¿dónde son?
Teodoro	¡Vengan los míos tras mí! ¡Aquí de mi casa, aquí!
Lucinda	Aquí hay grande confusión...
Teodoro	¡Aquí, criados leales!
Dorotea	¡Aquí morimos las dos de medrosas!
Lucinda	¡Y aquí Dios ponga remedio a mis males!
Dorotea	Huye, señora.
Lucinda	He de hacer una gran resolución: ¡que se convierta en león una ofendida mujer!

(Éntranse todos.)

Fin de la segunda jornada

Jornada tercera

(Salen el Duque y Fulgencio, criado suyo.)

Fulgencio   ¡Vieras la casa, que el vella
                 era asombroso!

Duque   Imaginarla
                 me aflige: prosigue.

Fulgencio   En ella,
                 los unos por abrasarla,
                 los otros por defendella,
                     vi desnudas mil espadas,
                 y con voces y alaridos,
                 descompuestas, destocadas,
                 entre los hombres heridos,
                 las mujeres desmayadas.
                     Hasta tener nueva cierta
                 que ya Cardenio era ido,
                 y por una falsa puerta
                 había entrado y salido,
                 y después de hallarla abierta,
                     salió a buscarlo el Marqués
                 con algunos a caballo.
                 Y yo a pie, con pocos pies,
                 fue imposible acompañallo.
                 Mas hase dicho después
                     que, en algún monte, escondido
                 y muerto lo habrán dejado,
                 pues ninguno ha parecido.

Duque   ¡Ay, Cardenio desdichado!
                 ¡Ay, triste viejo afligido!

¡Oh mal hijo! ¿Así se emplea
la sangre que yo te di?
Que estas costumbres le vea,
y que proceda de mí,
no es posible que lo crea.
  No es mío. ¡Mas diole el ser
un ángel, que era su madre!
Mas, con todo, he de creer,
siendo tal, que soy su padre...
Mis pecados deben ser.
  Mil veces he imaginado
si es posible, aunque me espanta,
que me lo hubiesen trocado,
mas no es la malicia tanta
en un labrador honrado.
  ¿Qué dices?... ¡Cielo divino!
Di, Fulgencio.

Fulgencio   ¡Absorto estoy!
                 Que es tu pasión imagino.

Duque   No te parezca que voy
                 yo tan fuera de camino.
                   Fulgencio, en mi edad florida
                 anduve yo enamorado
                 de un ángel, que fue mi vida:
                 no era como yo en estado,
                 mas era tan bien nacida.
                   Mi padre, que grande era,
                 hija de grande quería,
                 y adoréla de manera
                 que la hice esposa mía,
                 sin que nadie lo supiera.
                   Mi padre, al cabo de un año,

procuró ver cómo andaba:
supo mi gloria en mi daño,
que un gusto presto se acaba
y dura poco un engaño.
   Hube de ausentarme yo,
y en un monasterio ella
quedó preñada, y parió
este hijo de mala estrella,
y un religioso le dio
   de Lisardo a la mujer,
entonces recién parida
de Cardenio. Hubo de ser
esto durante la vida,
o el enojo y proceder
   que mi padre me dejó,
hasta pasados doce años,
que el cielo se lo llevó.
Mi esposa, tras tantos daños,
me truje a mi casa yo,
   y trajéronme después
de su casa de Lisardo
a Cardenio y al Marqués.
Veo que el uno es gallardo
y el otro villano es.
   Es Cardenio de mí amado
y el Marqués aborrecido,
¡mira, siendo desdichado,
si harta ocasión he tenido
de dudar lo que he dudado!

(Sale Teodoro, padre de Lucinda.)

Teodoro   Perdón merece el que viene
a tus pies, no a desculparse,

pues no habrá quien me condene,
que quien yerra por honrarse
sobra de disculpa tiene,
     sino a pedirte, señor,
afligido y afrentado,
que le prestes tu valor
a un padre que le han dejado
sin su hija y sin su honor,
     pues que ya debes tener
noticia de lo demás.

Duque   Cúbrete.

Teodoro   Estoy bien.

Duque   No estás.

Teodoro   Lo que queda por saber,
             por este papel verás:

(Dale un papel.)

«Cardenio es verdadero esposo mío; si diere de esposa la mano alMarqués
será forzada del paternal respeto. Y por quitarle con mi muerteel gusto que
tendrá de pensar que soy suya, para cuyo efeto me previnedeste puñal. Sepan
todos mi firmeza y lloren mis desdichas. Lucinda.»

Teodoro   Pues tras esto, lo que pasa,
                      que el Marqués...

Duque   ¡Dios le destruya!

Teodoro   ... se ha llevado de mi casa
                      mi hija, y está en la tuya.

Duque	¡El corazón se me abrasa!
Fulgencio	No es posible, hante engañado, que el Marqués no ha parecido.
Duque	Tu honor queda en mí guardado, pues me dejas prevenido, irte puedes descuidado.
Teodoro	Beso mil veces tus pies.
(Vase.)	
Duque	Aunque éste mi hijo sea, diré yo que no lo es.
(Sale Fideno.)	

Fideno	Señor, a mi Dorotea
	se me ha llevado el Marqués.
	    De mi casa me ha faltado,
	y en ella misma he sabido
	de su amoroso cuidado,
	y por eso he colegido
	que es él quien se la ha llevado.
	    Justicia es razón que pida.
	Mira, señor, mis enojos,
	porque mi hija querida
	era la luz destos ojos,
	y era el alma desta vida.

Duque	¡Oh, villano! ¿Qué te has hecho? ¡Su sangre he de derramar!

Ve, Fideno, satisfecho
de que no le ha de quedar
sola una gota en el pecho.

Fideno   ¡Guárdete el cielo mil años!

(Sale Lucinda.)

Lucinda   Señor, a tus pies me arrojo.

Duque   ¿Hay sucesos más extraños?
                     Levántate... Si es antojo...
                     Sosiégate... Son engaños.

Lucinda   Soy de Cardenio mujer.
                     Tu hijo, señor, ha dado
                     en que suya lo he de ser.

Duque   ¿Cómo dél te has escapado?

Lucinda   Quísome el cielo valer
                         de la confusión que había
                     en mi casa. Medio muerta
                     salí yo, y cuando salía,
                     hallé un caballo a la puerta...

Duque   El que yo perdí sería.

Lucinda   Subí en él, y decir puedo
                     que algún ángel me ayudó,
                     que al subir estuvo quedo,
                     y después piquéle yo
                     con las espuelas del miedo.
                         No pude ver si volaba,

llorando mis desventuras,
cuyo rigor me llevaba
con el seso tan a oscuras
como la noche lo estaba.
    Llegué a la que amanecía,
y poniéndome este manto
en casa una amiga mía,
vine. Y, por el cielo santo,
que me amparases quería.
    Logra, señor, mi esperanza,
de tu nobleza obligado.
Mujer soy, y en confianza
de que lo soy de un criado
que mereció tu privanza,
    quiero arrojarme a tus pies,
quiero en tus manos ponerme,
para huir las del Marqués.

Duque
    Levanta.

Lucinda
             ¡Duélate el verme
como estoy!

Duque
              Así no estés.
    Sosiega, suspende el llanto,
que tu amparo pienso ser.

Lucinda
    Dame...

Duque
          Por el cielo santo,
por ser mujer, y por ser
mujer de quien quiero tanto
    como el propio corazón,
que he de matar al villano!

Lucinda	Dame los pies, que es razón.
Duque	¡Sígate mi maldición, porque te alcance mi mano!

(Vanse, y salen don Quijote y Sancho, con un costal de ropa, y dentro los vestidos de Dorotea y una espada, capa y sombrero de Cardenio.)

Don Quijote	Di agora que mal se emplea la Andante Caballería.
Sancho	¡Gracias a Dios que este día vi lo que el gusto desea! Matáronme los viandantes con la maza, y con los palos los sangüeses.
Don Quijote	Son regalos de caballeros andantes. Prueba su valor y acero el que a tales cuitas viene, y el que más feridas tiene es más bravo caballero; pues tal vez con su valor, por despojos de la guerra, desde el polvo de la tierra amanece Emperador. Pues monta, que es de sayal el sombrero, espada y capa, y el coleto, y luego un mapa de cosas en el costal.
Sancho	De hoy más dichoso he de ser.

Don Quijote	¿Estás contento?

Sancho
          Y soy hombre.
Que la Panza de mi nombre
me revienta de placer.

Don Quijote
      ¿Qué farás, buen Panza, al fin,
cuando por mía confirme
la primer Õnsula firme?
Serás otro Gandalín.

Sancho
      ¿Quién fue Gandalín, señor?

Don Quijote
Fízole, ¡son maravillas!,
de cincuenta y tantas villas,
su amo, Gobernador.
    Seráslo tú, aunque me cueste
la vida.

Sancho
       Dame vasallos,
que yo sabré gobernallos.
¡A fe que se las atieste!

Don Quijote
    ¡Qué bien huele! Principal
será el dueño. ¡Es ámbar gris!
De la casta de Amadís
debe ser, o otro que tal.
    ¡Cuánto diera por saber
cúyo es esto!

Sancho
         Bien lo entiende.

(Sale un Villano.)

Don Quijote	¡Ah hombre bueno, atiende, atiende!
Villano	¿A qué tengo de atender?
Sancho	¿Qué dueño le busca?
Don Quijote	Calla.
Sancho	¡Pesia mí! ¡No echa de ver que yo le habré de perder, si es que su dueño lo halla!
Don Quijote	¿Conocéis un caballero, que anda desesperado, y estas prendas ha dejado?
Villano	Sí conozco.
Sancho	Yo no quiero que le conozca.
Don Quijote	De ahí te desvía.
Sancho	Ellas son mías.
Villano	Yo le vi habrá pocos días andar loco por aquí, con furor demasiado, sin sentido y sin acuerdo, ya está loco, ya está cuerdo: ¡y a fe que parece honrado! No tiene cierto lugar

donde duerma o donde vele.
Infinitas veces suele
a mis garzones llegar,
    y hurtándoles la comida,
con ellos se descomide,
y otras veces se la pide
con el alma enternecida.
    Ya grita, ya gime y llora,
ya se arroja y descalabra,
ya no dice una palabra,
traspuesto por más de un hora.
    Y su tema el decir es
a voces, con desconcierto:
«¡Ay, que Lucinda me ha muerto,
me ha engañado el Marqués!»
    Mas él es, si verlo quieres:
mira el semblante que lleva.

Don Quijote   Diérate por esa nueva
               lo mejor de mis haberes.

(Sale Cardenio desnudo, en calzones de lienzo.)

Cardenio   ¡Qué rabia es ésta! ¡Qué fuego!

Villano   Escúchale atentamente.

Cardenio   ¿Quién la pasa? ¿Quién la siente?
               ¿Dónde hallaré sosiego?
                   ¿Dónde me llevan los pies,
               sin la vida? ¡El seso pierdo!
               Pero ¿cómo seré cuerdo,
               si fue traidor el Marqués?
                   ¿Qué cordura, qué concierto

tendré yo, si estoy sin mí?
¡Sin ser, sin alma y sin ti,
ay, Lucinda, que me has muerto!
    ¿Tan cierto ha de ser que tarde
la muerte a quien la desea?
¿No es posible que te vea
muerte, villana, cobarde?
    Ven a pagar lo que debes,
tú, causadora de tantas.
¿De un desdichado te espantas?
¿A un rendido no te atreves?
    Contra tu naturaleza,
hazme agora una amistad.
Mas ¿en ti ha de haber piedad
si en Lucinda no hay firmeza?
    Cielo, cielo, si un desmayo
no me das para que muera,
ni deste monte una fiera,
ni de tus nubes un rayo,
    ¿cómo en tantas asperezas
consuelo no quieres darme?
¡Saquen, para consolarme,
los ángeles las cabezas!
    ¿Cuándo al Sol y a las estrellas
en mi favor las veré?
Pero no, que pensaré
que es Lucinda alguna dellas.
    Pues el gozarla después
el Marqués será tan cierto,
¡ay, Lucinda, que me has muerto,
y me ha engañado el Marqués!

Don Quijote   ¡Qué bien se lamenta y llora!
               ¡Qué a tiempo se ha suspendido!

Villano	Pues como está divertido, será poco estarse una hora.
Don Quijote	Sus cuitas quiero saber. Caballero, yo quisiera...
Villano	Cuando está desta manera no puede sentir ni ver.
Don Quijote	Caballero, el más cuitado, que lo fue un tiempo Amadís... ¿Oís, señor? ¿No me oís?
Sancho	Hablad por ese otro lado.
Don Quijote	Volved, que si a mí os volvéis, gustaréis de lo que os digo.
Sancho	Hable alto. Escuche amigo.
Cardenio	Villanos, ¿qué me queréis? ¡Vuestra poca cortesía aquí mi paciencia acaba! ¡Dejáraisme como estaba, soñando, aunque no dormía! Soñaba que entre los lazos de Lucinda era diamante, que tornaba a ser su amante y me ponía en sus brazos. Y agora en los del Marqués se me ha vuelto a mi memoria. Pues me quitáis tanta gloria, mis manos probá y mis pies.

(Dales de puñadas y coces.)

Don Quijote	¡Deteneos, sandio!

Cardenio   ¡Traidores!

Sancho   ¡Ay!

Villano   ¡Ay!

Cardenio   ¡Os he de matar!

Don Quijote   ¡Dignos son de perdonar
estos yerros por amores!

Cardenio   ¡Vuelva mi abrasado pecho
a mi soledad amada!

(Vase.)

Sancho   ¡La espalda tengo quebrada!

Villano   ¡Muerto soy!

Don Quijote   Y yo maltrecho.

Villano   ¡Pesia él!...

Sancho   ¡Gentil despacho!
¡Este asno no nos dijera
que era furioso!... ¡No fuera!...

Villano	¿Yo no lo dije, borracho?
Sancho	¿Borracho a mí? ¡Mientes, cuero!
Villano	¿Yo miento? Aguárdate...
Sancho	Espera Danse de puñadas.
Don Quijote	¡Teneos! ¡Aparta! ¡Fuera! Despárteos un caballero, ¿y no teméis? ¡Malandrines, viles, astrosas criaturas!...
Sancho	¡Ah, señor, tus aventuras siempre tienen estos fines!
Villano	¡Por Dios, tan loco sois vos como el que de aquí se ha ido!
Don Quijote	¡Corre!...
Sancho	No puedo.
Villano	¡Corrido te veas tú, plegue a Dios!

(Vase.)

Sancho	¡Buenos quedamos!
Don Quijote	No dudo que el loco es gran caballero. ¡Qué tierno amante! ¡Qué fiero!

¡Qué galán y qué membrudo!
¡Grandes invidias me dan
de su imitación famosa!
En su locura celosa,
éste imitaba a Roldán.

Sancho

¡Hame muerto! ¡A Bercebú
o a su padre imitaría!

Don Quijote

De nuestra Caballería,
animal, ¿qué sabes tú?
    Roldán, con celos eternos
de su Angélica y Medoro,
fue bramando como un toro.

Sancho

Y lo sería en los cuernos.

Don Quijote

    Por los suelos arrojó
armas, espada y escudo,
hasta quedar más desnudo
que su madre lo parió.
    De puñadas dejó a oscuras
muchos hombres, y un rocín
mató de hambre. Y en fin,
fizo famosas locuras.
    Amadís también anduvo,
con locura más humana,
desdeñado de Oriana,
y en la peña pobre estuvo.
    Mudó de Amadís el nombre
en Beltenebros, lloró,
hecho ermitaño, y cobró
con ello eterno renombre.
    Pues para hacer que se cuente

de mí otra hazaña famosa,
¿no es mi dama tan hermosa,
o no soy yo tan valiente?
    ¿No digo bien?

Sancho   Si me apuras,
habré de decir verdades:
para tales necedades,
disparates y locuras,
    ellos ocasión tuvieron
de celos y de recelos,
pero a ti, ¿quién te da celos
o qué desdenes te hicieron?,
    ¿qué te sobresalta el pecho?,
¿quiere tu dama a Medoro,
a algún cristiano, a algún moro?,
¿qué niñerías ha hecho?
    Yo no lo entiendo, señor.

Don Quijote   Pues en eso es bien que vea
mi señora Dulcinea
la fineza de mi amor.
    Que pues sin haberme dado
ocasión, el juicio trueco,
y hago estas cosas en seco,
¿qué hubiera hecho en mojado?
    Yo quiero determinarme...

Sancho   Señor, ¿qué quieres hacer?

Don Quijote   Loco soy, loco he de ser:
no tienes que aconsejarme.
    ¿Cómo, Muerte, no venís,
cobarde a mis desventuras?

Quiero ser en mis locuras
entre Roldán y Amadís.

Sancho   Será una buena ensalada,
señor.

Don Quijote   Déjame acabar:
¡Afuera peto, espaldar!
¡Oh, reniego de la espada!
    ¡Adiós, escudo de Orlando!
¡Adiós, yelmo de Mambrino!
Cuélgalas tú de ese pino,
mientras las voy arrojando.
    Imitarás a Cervín.

Sancho   Aquí en alto, yo lo fío,
que irán tu seso y el mío
como Sancho y su rocín.

Don Quijote   ¡Que mi muerte no resuelvas,
cielo, en estos horizontes,
con las fieras destos montes
y sátiros destas selvas!
    ¡Haz que la cabeza saque
un ángel, y si la saca,
vomite alguna triaca
con que mi veneno aplaque!
    ¿Dónde me llevan los pies?
Mas ¿cómo tendré concierto
si Dulcinea me ha muerto?

Sancho   «Y me ha engañado el Marqués»,
que así el otro lo decía.

Don Quijote	Como quien, velando, duerme,
	quiero agora suspenderme,
	¡ay, bella enemiga mía!
Sancho	Al otro quiere imitar
	en todo, ¡así Dios me guarde!
	¡Ah, señor, mira que es tarde!
Don Quijote	¡Villano! ¿Quiésme dejar?
	Soñaba que Dulcinea,
	en sus brazos me tenía...
	¡Por tu poca cortesía
	te he de matar!

(Dale a Sancho.)

Sancho	¡Ea, ea!
Don Quijote	¿No le imito bien?
Sancho	¡Ausadas!
	Mas no me está bien, señor,
	que seas su imitador
	en las coces y puñadas.
Don Quijote	Con más ligero pie y mano,
	te digo...
Sancho	¿Qué resta agora?
Don Quijote	Que lleves a mi señora
	una carta de mi mano.
	Entre matas y entre enebros
	buscaré una cueva oscura,

do llore mi desventura,
hecho el propio Beltenebros.

Sancho   ¿Qué he de dejarte?

Don Quijote   Y volver
para verme triste y ledo:
ven, verásme donde quedo,
y sabrás lo que has de hacer.
    Mas antes, para que veas
perdidas mis alegrías,
verás más locuras mías
que contar a Dulcinea.
    Daréme en aquellas peñas
una y otra cabezada...

Sancho   Y tu cabeza quebrada
podré llevalle por señas.

(Vanse, y salen Cardenio, el Cura y el Barbero.)

Cura   Vuestra desdicha he llorado
con el pecho enternecido.

Barbero   A mí me habéis afligido.

Cardenio   Y a mí me habéis consolado.
    El cielo debió guiaros
por aquí.

Cura   El mismo cielo
os dé paciencia y consuelo.

Cardenio   Otra vez vuelvo a cansaros,

                   perdonad.

Barbero   Decid, señor,
            descansad en hora buena.

Cura   Quien comunica una pena,
            es cierto hacella menor.

Cardenio   Señores, ¿qué pudo ser,
            que me tratase tan mal
            un hombre tan principal
            y un ángel de una mujer?
                Llamóme porque estuviera
            a ver cómo se casaba:
            yo entendí que me llamaba
            a que su firmeza viera.
                Tuve ya casi por llano
            oírle negar un sí,
            confiado en que la vi
            que dudaba en dar la mano,
                y cuando esperando estoy
            que dijera con valor:
            «No puedo darla, señor»,
            la oí decir: «Sí la doy».
                Quedé entonces triste yo,
            mudo, helado, sordo y ciego,
            y así de mi pecho el fuego
            como rayo me arrojó.
                Salíme, ya sin sentidos,
            viendo el caso: fuime al monte
            y alboroté su horizonte
            con mil voces y alaridos,
                y cuando sobre la espada
            quise arrojarme, la vi,

que estaba lejos de mí,
por mis manos arrojada.
　　Que fue milagro confieso:
que el cielo desta manera,
porque el alma no perdiera,
quiso que perdiera el seso.
　　Conozco que poco a poco
algunas veces le pierdo,
y solo tengo de cuerdo
el conocer que estoy loco.

Cura
　　Sosegaos, que en Dios espero
que os tiene de consolar.

Barbero
¿No es Panza?

Cura
　　　　　　Sí, no hay dudar.
¡Sancho!

(Sale Sancho Panza.)

Sancho
　　　　　¡El Cura y el Barbero!

Barbero
　　¿Qué hay, compadre?

Sancho
　　　　　　　　　　¿Qué hay,
compadre?

Barbero
¡Pardiez, que os he de abrazar!

Sancho
(Él es, y me he de escapar,
si puedo, ¡Dios es mi padre!)

Barbero
　　¿Pues huyen los hombres buenos?

Espera.

| Sancho | ¿A quién tiene al lado?
Ése me trae derrengado
y con una espalda menos. |

Cura

Llegad, que no os hará mal.

Sancho

Llego, pues tú lo procuras.

Cardenio

Alguna de mis locuras
debió de ser, que estoy tal.

Cura

¿Qué es de vuesamo?

Sancho

Quedó
a la Luna de Valencia:
haciendo está penitencia
de lo que nunca pecó.

Cura

¿Cómo así?

Sancho

Encima no lleva
sino lo menos que pudo:
va desarmado y desnudo,
tiene por casa una cueva,
tiéndese en la tierra fría:
que imitar le satisfizo
a un Amadís, que se hizo
tinieblas a medio día.

Cura

¿Beltenebros dirás?

Sancho

Sí,

                                    aquese es su propio nombre.

Barbero   ¡Extraña locura de hombre!

Cura   ¡En mi vida tal oí!
                   ¿Tú dónde vas?

Sancho   A llevar
                   una carta a Dulcinea.
                   La respuesta buena sea,
                   que ella se lo ha de mandar,
                     o de allí no ha de salir,
                   si no fuese a alguna empresa
                   de alguna grande princesa
                   que se lo venga a pedir:
                     que así lo tiene jurado.
                   Y cumplirá el juramento.

Cura   ¿No es extraño pensamiento?
                   ¡Ah, Quijada desdichado!
                     Busquemos una invención
                   con que sacarle de allí.

Barbero   Busquemos. ¿Qué traes ahí?

Sancho   Ciertas niñerías son.

Cura   Veámoslas.

Sancho   Eso no,
                   que alguno las podrá ver
                   y habrélas yo de perder.

Cura   Ya conozco algunas yo,

124

	mas yo te las aseguro.
Sancho	Si son suyas, ¿me las da?
Cardenio	Sí, a fe.
Sancho	¿Jurado lo ha?
Cardenio	Y otras mil veces lo juro.
Sancho	Estas prendas suyas son.
Cardenio	¡Y por mi mal arrojadas!...
Sancho	Como por mi bien halladas.
Cura	Dices bien.
Barbero	Tiene razón.
Sancho	Éstas hallé yo primero junto a un castillo encantado.
Cura	¡Y es su valor extremado!...
Sancho	Y con extremo las quiero.
Barbero	Pasos siento...
Sancho	Viene gente; mi ropa quiero esconder.
Cardenio	Si no me engaño, ha de haber tras de esa peña una fuente:

vendrán a beber a ella.

(Sale Dorotea.)

Dorotea	Cansada vengo y perdida.
	¿Cuándo acabarán mi vida
	los influjos de mi estrella?
	Estas desdichas que paso,
	¡ay, cielo!, ¿en qué han de parar?
	¡Hasta el Sol quiere ayudar
	este fuego en que me abraso!
Barbero	Parece voz de mujer.
Cardenio	Y que yo otra vez la oí.
Cura	Llegad quedo por aquí,
	porque la podemos ver.
Sancho	Que es hombre; no es mujer, no.
Cura	Calla, Sancho.
Sancho	Callo.
Barbero	Calla.
Dorotea	¿Es fuente? Vengo a buscalla,
	como cierva herida, yo.
	Nevados cristales son.
	¡Ay de mí! ¡Cuánta bebiera,
	si es que por la boca fuera
	camino del corazón!
	¡Y el fuego que en él se fragua

126

quizá se apagara así!
Pero este fuego, ¡ay de mí!,
no se apaga con el agua;
    pues si en lágrimas se moja,
más se aviva y se despierta.
¡Bravo calor! ¡Estoy muerta!
Todo me aflige y congoja:
    Hasta mis propios cabellos
me enfada solo el mirallos,
pues ya se acabó el peinallos,
ya no puedo componellos.

Barbero   Por cierto grande hermosura.

Cura   Y la aprieta gran dolor.

Sancho   ¡Oh, qué diera mi señor
por ver tan brava aventura!

Cardenio   ¡También pasan las mujeres
desdichas como la mía!
Que llegásemos querría.

Cura   Lleguemos, pues tú lo quieres.

Cardenio   ¿Señora?

Dorotea   ¿Qué gente es ésa?

Cardenio   El mirarte apasionada,
nos obliga.

Dorotea   ¡Ay, desdichada!
Hace que se va Dorotea.

Barbero	¿Huyendo das la respuesta? Señora, espera. ¿Qué dices? Que a servirte hemos venido.
Dorotea	¿Qué haré? ¿Si habéis conocido el árbol por las raíces?...
Cardenio	Sosiégate, y el deseo que de servirte tenemos admite, que no queremos enojarte.
Dorotea	Yo lo creo: que en el cortés proceder, vuestro intento conocí.
Cardenio	(Esta voz sé que la oí, mas no he visto esta mujer.)
Dorotea	(¡Si fuese Cardenio aquél, que su voz he conocido! ¡Si es que tan dichosa he sido, no es mi suerte tan cruel!)
Cura	La causa preguntaría, si un curioso no es culpado, deste efeto.
Dorotea	Hame obligado a eso y más tal cortesía. Ya habréis sabido, señores, pues fue fábula del pueblo en las lenguas de la fama

y en las espaldas del tiempo,
la desventurada historia,
el infelice suceso,
del Marqués y Dorotea,
de Lucinda y de Cardenio.

Cura   Poco ha, de fiel testigo
                lo oímos y lo sabemos.

Cardenio   ¡Y que es mudable Lucinda
                como el agua y como el viento!

Dorotea   Yo estuve en el mismo engaño,
                y después todos supieron
                que es la mujer más constante
                que se ha visto en estos reinos.
                Tiene una casa de campo
                con muchos jardines bellos
                el duque Ricardo, adonde
                suele retirarse a tiempos.
                Allí de Cardenio el padre,
                Lisardo, que es el casero,
                sirve a Lucinda, y la guarda
                en persona el Duque mesmo,
                y allí supe que Lucinda,
                la noche del casamiento,
                al dar la mano al Marqués,
                tras el sí, cayó en el suelo,
                desmayada, y que la hallaron
                en la manga y en el pecho
                una daga y un papel.

Cardenio   ¿Qué dices?

Dorotea	Cardenio, es cierto,
	declaraba de su mano,
	ser su esposo verdadero...
	Cardenio... y que del Marqués
	sería imposible el serlo.
	Yo misma le hablé después,
	y díjome que su intento
	fue de matarse, y no pudo,
	que el sobresalto y el miedo
	le quitaron el sentido.
	Con tanto encarecimiento,
	y con lágrimas, rogóme
	que le buscase a Cardenio.
	Canséme por estos montes,
	perdíme por estos cerros,
	dándole voces, que a todas
	me respondían los ecos.
	Con la voz pudiera hallarle,
	mas con la vista no puedo,
	que le hablé sola una noche
	y no sabré conocerlo.
	Con tanta pasión me aflijo
	y le busco porque pienso
	que hallaré, por el camino
	de su dicha, mi remedio,
	porque yo soy Dorotea,
	la perseguida del tiempo,
	la burlada del Marqués
	y la desdichada.
Cardenio	¡Ay, cielo!
	Yo soy Cardenio, señora,
	dame las manos.

Dorotea	Primero
	verás en este papel
	las defensas del proceso
	que contra Lucinda hiciste,
	que es el mismo que en el pecho
	le hallaron, y de su mano
	a tus ojos le presento.
Barbero	¡Por cierto, suceso extraño!
Cura	¡Notable cosa, por cierto!
Dorotea	¡Ay, si por este camino
	me socorriesen los cielos!
Sancho	¡Pardiez! Como tonto escucho
	y en dibujos no me meto.
Cardenio	¡Queridas letras del alma!
	Ya no habrá, pues que pusieron
	triaca en vuestras razones,
	en vuestra tinta veneno.
	Ya, si no gozo a Lucinda,
	moriré al menos contento,
	con que no fue falta suya,
	sino voluntad del cielo.
	¡Dorotea, Dios te guarde,
	y haréte ver por lo menos,
	si como pobre te pago,
	que como honrado te debo!
Dorotea	De cumplimientos te deja:
	ven conmigo.

Cardenio	Vamos luego.
Cura	¿Y no gustaréis, señores, de que valgamos primero a este caballero andante, que es lástima?...
Cardenio	Sí, por cierto: vosotros, señores, fuistes padres de tan buen suceso.
Dorotea	Y es mucha razón serviros.
Cura	Pues vení.
Barbero	¿Cómo lo haremos?
Cura	Yo lo diré en el camino, que ya pensado lo tengo. Sancho, escucha.
Sancho	Ya te escucho. ¡Si serán encantamientos!
Dorotea	¡Ya, Marqués, vuelvo a buscarte!
Cardenio	¡Ya, Lucinda, a verte vengo!

(Vanse. Sale don Quijote.)

Don Quijote	¡Verdes yerbas, fuentes claras, por mí marchitas y secas, altos montes, peñas huecas, volvé a mis ojos las caras!

Mirá el semblante feroz
con que eternamente os miro,
¡ay!, tomad ese suspiro:
aún os espanta esta voz.

Fuera dichoso español,
si es que para verme agora,
Dulcinea, mi señora,
tuviera el lugar del Sol,
   porque no se alabará
ningún caballero andante
de locura semejante,
si es que contalla sabrá

Sancho, lo que hacer me vio,
con tan furioso ademán,
que no lo hiciera Roldán
ni el mismo que la inventó.

Mas sin furia, poco a poco,
una locura discreta
quiero hacer, seré poeta,
para ser discreto y loco.

Ingenio y locura es:
que quien por naturaleza
hace pies con la cabeza,
el seso traerá en los pies.

¿Glosaré? No, que el glosar
es un cansancio sin fruto.
¿Haré un soneto?... Es tributo
que no lo sabré pagar.

¿Pues haré esdrújulos? No,
que el buscarlos es perderlos,
y estos versos han de hacerlos
mayores locos que yo.

Hacer coplas castellanas
es sin duda lo mejor

para negocios de amor.
¡Aquí, Musas soberanas!
   ¿No es Sancho?¡Por vida mía,
que es él, y me da cuidado!
Quédese esto: ya he dado
al través con la poesía.

(Sale Sancho.)   ¿Panza?

Sancho   Señor, presto, presto
ponte en orden.

Don Quijote   ¿Qué es la priesa?

Sancho   Viene a verte una princesa:
póngase grave y honesto.
     Ella viene.

Don Quijote   Espera, ten.
¿Qué dice mi Dulcinea?

Sancho   ¡Pesia tal! Ve, que se apea
esa otra del palafrén.

(Salen Cardenio, el Cura, Dorotea y el Barbero.)

Cura   Menesterosa doncella
has de ser.

Dorotea   ¡Harto mejor
podré ser menesterosa
que doncella!

Barbero   ¡Bien, por Dios!
No te turbes.

134

Dorotea	No, que llevo estudiada la lición.
Barbero	¿Llegaremos?
Cura	Sí, lleguemos.
Dorotea	¡Dadme vuestros pies, señor!
Don Quijote	¡Alzad, fermosa doncella!
Dorotea	¡Fuerte Caballero!, non he de alzarme, que primero no me otorguedes un don.
Don Quijote	Yo vos lo otorgo, si es cosa que no sea contra Dios, contra el Rey y contra aquello que juré en mi profesión.
Dorotea	Dadme esa mano invencible.
Don Quijote	Levantad: decid quién sois.
Dorotea	Soy la infelice princesa Nicomicona, y estoy a tuerto desposeída del Reino Nicomicón. El gigante Gatarau, el de la espantable voz, el de la torcida vista, mis esperanzas torció. Enamorado de mí,

mi padre puso en prisión,
porque por esposo mío
no quise admitirle yo.
No hay hombre que se le atreva,
porque es valiente el follón.
Como me dejó afligida,
y huérfana me dejó,
de lueñas tierras me trujo
la fama de ese valor;
pues el mundo os llama «el fuerte»,
«el bravo», «el desfacedor
de agravios», y «el que los yerros
de nuestros siglos doró».
Y pues tanto por las armas
habéis ganado, que son
grima vuestra espada y lanza,
vuestro brazo esgrimidor,
doleos de ver que en mi reino
estaba como un reloj,
y vengo de venta en venta
más flaca que un asador.
Lágrimas lloro de sangre,
y otra vez quiero...

Don Quijote   ¡Eso no:
levantaos, alta Princesa,
vuestro Caballero soy,
y vos veréis lo que fago!
¡Descomunal, gigantón,
desemejada criatura,
atendedme, que ya voy!
Descuelga esas armas, Sancho.

Dorotea   Pongámoselas los dos.

(¡Dios me detenga la risa!)

Cura   ¿Viose tal?

Cardenio   Tenéis razón:
bien lo hizo Dorotea.

Barbero   Con mucho donaire habló.

Don Quijote   ¡Básteos el ocio armas mías!
¡Juntos estamos los dos
muy rebién, y más agora,
para tan buena ocasión!

Dorotea   Ceñiros quiero la espada.

Don Quijote   ¡Y animáisme el corazón!

Sancho   ¡Qué bravo vas!

Cura   Al camino
les salgamos.

Don Quijote   ¡Así voy
a quitalle a tu enemigo
tu Reino Nicomicón,
aunque más gigante sea,
aunque lluevan, ¡voto al Sol!,
más gigantes que hay estrellas
o que sus átomos son!
Ven, soberana Princesa.

Dorotea   Mil años os guarde Dios.

(Vanse todos, y salen Lisardo y Lucinda.)

Lisardo   Perdona, señora mía,
                   si en servirte hubiere falta,
                   porque en esta casa falta
                   lo mejor que en ella había.

Lucinda   Ninguna se echa de ver,
                   y yo a ti te serviré:
                   siento en el alma que esté
                   tan al cabo tu mujer.

Lisardo   Haciendo está testamento,
                   que presto podrá acaballe,
                   y esperamos para dalle
                   el último sacramento.

Lucinda   No te aflijas.

Lisardo   ¡Ay de mí,
                   que son notables mis daños!
                   ¿Compañía de treinta años
                   no quieres que llore así?

Lucinda   Hácelo el cielo, ¿qué quieres?,
                   esto es justo que imagines.

Lisardo   Los principios y los fines
                   es lo bueno en las mujeres.

Lucinda   ¡Permita Dios que tu hijo
                   parezca y déme la muerte!

Lisardo   Viendo que es cosa muy fuerte,

138

más me congojo y aflijo.
  Mucho tarda, si es que viene,
para merecerte a ti.

Lucinda   Vendrá. Por amor de mí,
mudar tu traje conviene.

Lisardo   Eso acabar no podrán
conmigo, que en mi persona
es la púrpura y corona
la montera y el gabán.
  Quiso el Duque mi señor
que fuera a ser cortesano,
pero no estuvo en mi mano
quitarme de mi valor.
  ¿No sabes cómo el Marqués
anda celoso, y se abrasa
por robarte de mi casa?
Mira que advertida estés,
  que por eso desconfío
de que mi hija has de ser.

Lucinda   Si Dios no quiso poder
forzar el libre albedrío,
  ¿cómo podrán los humanos
con sus traiciones forzarme,
pues tengo para matarme
amor, honra, pecho y manos?

Lisardo   Pues hoy te saca de aquí,
que conmigo lo ha tratado.

Lucinda   ¿Hase el Duque levantado?
Hablaréle.

Lisardo	Creo que sí.

(Salen a un mismo punto, por una puerta, el Marqués y otros tres tras él, con máscaras, y por la otra Cardenio y Dorotea, don Quijote, Sancho, el Cura y el Barbero.)

Marqués	Lograd aquí mi esperanza.
Criado	Servirémoste, señor.
Cardenio	En el Duque mi señor se apoya mi confianza.
Marqués	No es esta mala ocasión. ¿Por dónde entró aquella gente?
Lucinda	¡Ay de mí!
Marqués	¡No huyas!
Cardenio	¡Tente!
Lucinda	¡Ah, señor! ¡Traición, traición!
Cardenio	De traidores y villanos te defenderán leales.
Marqués	¿Pues tú contra mí te vales de la lengua y de las manos?

(Sale don Quijote.)

Don Quijote	¡Conmigo las has de haber!

Marqués	¡Quitad ese loco allá!
Barbero	Ayuda, Sancho.
Don Quijote	Soltá.
Cura	¡Éste nos echa a perder!

(Meten el Cura y el Barbero a Sancho y don Quijote por fuerza.)

Cardenio	Sin conocerte se ha hecho.
	Mas toma, señor, mi espada.
Marqués	Ésta he de ver envainada
	primero en tu infame pecho.
Lucinda	¡Detente!
Dorotea	¡Marqués, señor!...
Lucinda	Moriré por defenderte.
Marqués	¡Matalde, dalde la muerte!

(Sale el Duque y criados.)

Duque	¡Deteneos, hijo traidor!
	¿Dónde vas, infame? ¡Tente!
	¡Tu sangre quiero verter!
Marqués	¡Desta vez no he de tener
	quien me oprima y quien me afrente!
Cardenio	Aquí no hay más cortesía:

mi pecho, sino mi mano,
le defiende.

Duque   ¡Inhumano,
algún demonio te guía!
Por mi mano he de acabar
hombre que tan mal nos trata.

Dorotea   ¡Eso no, que aunque me mata,
no podré verle matar!

Marqués   ¡Matá al Duque!

Fulgencio   No queremos,
porque ninguno hay traidor:
que es nuestro antiguo señor,
y por él te obedecemos.

Duque   ¡Quitalde las armas presto!

(A vasallos y criados dalas luego.)

Marqués   (Mis pecados
en tal desdicha me han puesto.)

Duque   No hay llevarlo, no hay sufrillo:
yo mismo le he de matar,
o al Rey he de suplicar
que lo acabe en un castillo.
¿Qué llorar y qué gemir
es aquél? ¿Qué puede ser?

(Sale Lisardo.)

Lisardo   ¡Ay, cuitado! Mi mujer es,

que acaba de morir.
    Permitiólo el cielo así,
para quitarte la causa
deste efecto desdichado,
que tanto te aflige el alma.
Mi cautelosa mujer,
como en efeto cristiana,
a la hora de la muerte
ante escribano declara,
delante muchos testigos,
que el que Cardenio se llama
es don Fernando el marqués,
heredero de tu casa,
y el que Marqués se ha llamado,
y don Fernando, es, sin falta,
Cardenio, su hijo y mío,
nacido en mi pobre cama.
Yo cómplice en el engaño,
digo también que haré paga,
aunque me cueste esta vida,
que ya de pesar se acaba.

Duque
Ya el alma me lo decía,
en lo cierto asegurada,
que al que es leal, pocas veces
o nunca le miente el alma.
¡Llégate a mis brazos, hijo!
¡Parece cosa soñada!

Marqués
(¡A esto llegan mis desdichas!)

Cardenio
¡Dame la mano!...

Duque
                    Levanta.

Dorotea	(¿Si ha de igualar nuestros gustos, el que nuestro estado iguala?...)
Lucinda	(¿Si mudará el pensamiento con tan extraña mudanza?)
Duque	¿Agora estás pensativo?
Cardenio	Una duda me maltrata.
Duque	Ya la entiendo, y es razón al momento averiguarla: dale la mano a Lucinda.
Cardenio	Con la vida y con el alma.
Duque	Que a quien te quiso villano, así, como noble, pagas.
Cardenio	Y dala tú a Dorotea.
Marqués	Sí haré...
Dorotea	Aunque ya, villana, la estimo.
Duque	Por ella advierte que se perdonan tus faltas.
Fulgencio	Volved, pues estáis contentos, a ver la notable traza con que el Cura y el Barbero llevan al loco a su casa.

144

(Sacan a don Quijote en una jaula de garruchas, y salen el Cura y el Barbero con él.)

Don Quijote

Si ha sido el encantador
Fristón Arcalaus Urganda
quien me ha puesto desta suerte,
¿dó están mi escudo y mi espada?

Barbero

Tú, el de la Triste Figura,
no te aflijas si te encantan,
porque es ésta una aventura
que la verás acabada
cuando, a pesar del gran Can,
el gran León de la Mancha
y Paloma Tobosina
en ricos tálamos yazgan,
dando al mundo cachorrillos,
que parezcan, en las garras,
al cachorrón. ¡Ten valor!
Porque esto será sin falta.

Don Quijote

¡Oh celestial profecía!
¡Contento voy, que mi fama
volara menos no estando
la mi persona encantada!

Cardenio

Y de los hijos trocados
aquí la comedia acaba,
y del Caballero Andante
don Quijote de la Mancha.

(Éntranse todos.)

Fin de la comedia de don Quijote de la Mancha

Libros a la carta

A la carta es un servicio especializado para
empresas,
librerías,
bibliotecas,
editoriales
y centros de enseñanza;
y permite confeccionar libros que, por su formato y concepción, sirven a los propósitos más específicos de estas instituciones.

Las empresas nos encargan ediciones personalizadas para marketing editorial o para regalos institucionales. Y los interesados solicitan, a título personal, ediciones antiguas, o no disponibles en el mercado; y las acompañan con notas y comentarios críticos.

Las ediciones tienen como apoyo un libro de estilo con todo tipo de referencias sobre los criterios de tratamiento tipográfico aplicados a nuestros libros que puede ser consultado en Linkgua-ediciones.com.

Linkgua edita por encargo diferentes versiones de una misma obra con distintos tratamientos ortotipográficos (actualizaciones de carácter divulgativo de un clásico, o versiones estrictamente fieles a la edición original de referencia). Este servicio de ediciones a la carta le permitirá, si usted se dedica a la enseñanza, tener una forma de hacer pública su interpretación de un texto y, sobre una versión digitalizada «base», usted podrá introducir interpretaciones del texto fuente. Es un tópico que los profesores denuncien en clase los desmanes de una edición, o vayan comentando errores de interpretación de un texto y esta es una solución útil a esa necesidad del mundo académico.

Asimismo publicamos de manera sistemática, en un mismo catálogo, tesis doctorales y actas de congresos académicos, que son distribuidas a través de nuestra Web.

El servicio de «libros a la carta» funciona de dos formas.

1. Tenemos un fondo de libros digitalizados que usted puede personalizar en tiradas de al menos cinco ejemplares. Estas personalizaciones pueden ser de todo tipo: añadir notas de clase para uso de un grupo de estudiantes, introducir logos corporativos para uso con fines de marketing empresarial, etc. etc.

2. Buscamos libros descatalogados de otras editoriales y los reeditamos en tiradas cortas a petición de un cliente.

www.ingramcontent.com/pod-product-compliance
Lightning Source LLC
LaVergne TN
LVHW091220080426
835509LV00009B/1091